リーダーはどうやってチームを伸ばせばいいのか

LEADER's LAMDA

LOOK ASK MODEL DISCUSS ACT

川原 慎也
KAWAHARA SHINYA

すばる舎リンケージ

LEADER's LAMDA　はじめに

「リーダーの仕事はチームのマネジメントである」

リーダーは、チームをマネジメントして、チームとして成果を上げることにこそ注力すべきです。どんな会社でも、どんな業態でも、異論は無いでしょう。

チームとして成長し、成果を上げるために有用なものの代表的なひとつが「ＰＤＣＡ」であり、そうした人の助けになればという気持ちで記したのが、『これだけ！　ＰＤＣＡ』でした。

実際に、ＰＤＣＡはビジネスにおいてシンプルでありながらも、非常に有用な概念で、きちんと運用することができれば、かなりの力を発揮します。

しかし、未だに多くの方から、「ＰＤＣＡが回らない」と相談をいただきますし、リーダーはチームのマネジメントに悩み続けています。

そうした状況を引き起こす諸要因については後ほど詳しく触れていくとして、本書では、より実行性の高い、「ＬＡＭＤＡ」を紹介していきます。

「ＬＡＭＤＡ」とは、自動車メーカーであるトヨタの製造現場で行われている業務改善サイクルを体系化した、いわばＰＤＣＡの発展型で、基本概念に則って改善に取り組むだけで、ＰＤＣＡが上手く回らなかった要因のほぼ全てが排除できる、極めて優れたフレームです。


少子高齢化だけでなく、様々な要因から、現在のビジネスを取り巻く環境は厳しいと言わざるを得ませんが、むしろ、だからこそ、チームを率いるリーダーの力量が問われます。

「頑張ろう！」「やる気を出そう！」だけでは、リーダー未満です。

チームで問題を共有し、ゴールを共有し、走り出す前に道筋も共有し、成果を共有する。

本書が、皆様の業務改善と、新たなリーダーの誕生をお助けすることができれば、望外の喜びです。

２０１９年　初春　川原　慎也

目次

第2章 「ASK」問いかけて背景を理解する

第5章 「ACT」決定事項をベースに実行する

第 0 章

PDCAはなぜ回らないのか

リーダーの仕事はチームのマネジメント

意外なほど理解されていないリーダーの役割

「リーダーである皆さんの仕事とは何でしょうか？」

これまでに、組織においてリーダーと位置づけられる数多くの方々と関わらせていただく際に、意図してこの言葉を投げかけるようにしてきました。

会社という組織は、大きくなればなるほど、このリーダーとされるポジションの方々が増えていきます。すでに組織だって仕事を回しているような会社であれば、部長、課長、係長、主任と呼ばれるような、いわゆる中間管理職とされるリーダーがいらっしゃるでしょう。

「リーダーである皆さんの……」という質問は、つまり、部長であれば部長の役割について、課長であれば課長の役割について、今一度問い掛けているのです。

最初は、ほとんどの皆さんが怪訝そうな顔をします。

「なぜ、そんなわかりきった質問をするんだろうか？」

「そんな質問にいちいち答える必要がありますか？」

恐らく内心はこんな風に思っているのでしょうね。

「もちろん、任されている組織（○○部、□□課、△△係等々）の目標を達成することが自分たちの仕事です」

といった答えをされる方が多いので、さらに続けて質問します。

「先日、皆さんの部下にあたる方々の研修をさせていただいた際に、同じ質問を投げかけてみたところ、リーダーである皆さんと同じように、所属している組織の目標を達成することが自分たちの仕事です、と答えられていました。このように、リーダーの立場の方々も部下の立場の方々も立場が違うのに同じ回答をされている。そんな皆さんの会社の状況について、私はどのように理解すればいいでしょうか？」

この位の段階になってくると、「あれ？」「もう少し真剣に考えてみる必要があるのかも知れない」といった空気にはなってきます。

しかしながら、短時間のやりとりのなかで「当社のリーダー（部長、課長、係長、主任等々）の仕事は○○です」と簡潔な答えにたどり着けるような会社はほとんどありません。

つまり、リーダーシップのとり方は、その役職についたそれぞれの方に完全に委ねられてしまっているということになります。

もちろん、リーダーシップに関しては、「コレが正解」といった答えがあるわけではありませんし、いろいろなタイプがいてもいいという意見に対しては私も賛成です。

ここで問題提起しているのは、リーダーのあり方がそれぞれのリーダー個人に〝完全に〟委ねられてしまっているのであれば、それはいかがなものでしょうか、ということです。

私から見て、〝完全に〟委ねていると思わざるを得ない、特に日本企業に見られるリーダーのパターンがいくつかありますので紹介しましょう。

「リーダーの仕事」とは？

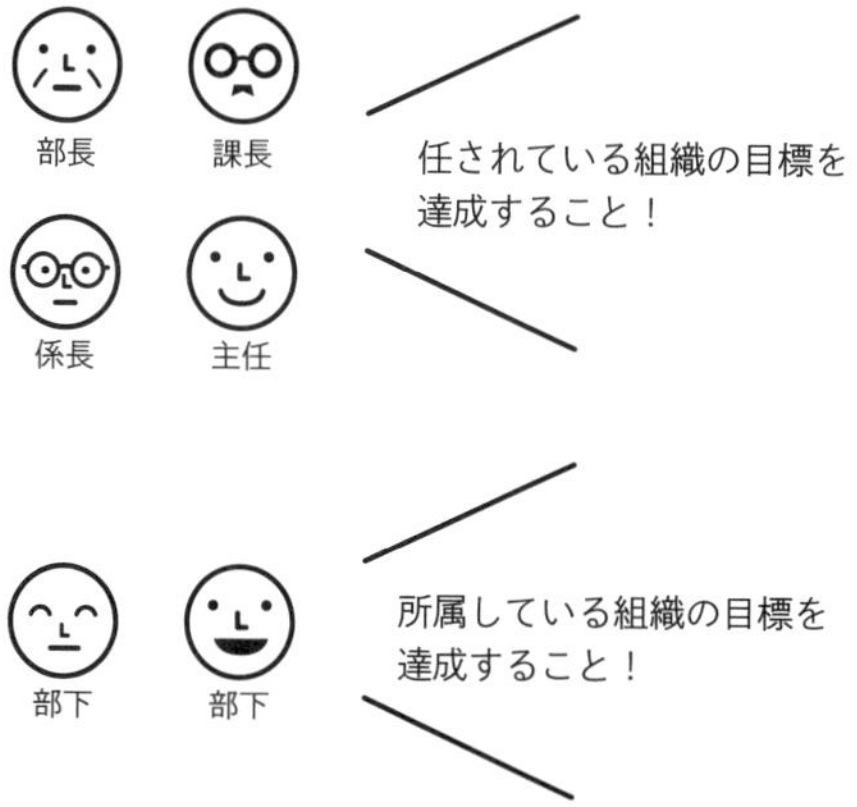

何が違うの？　同じことをやろうとしているのに
立場だけ違うの？

明確にリーダーの仕事を
わかっている人は少ない

・部下に仕事を任せても、どうせ仕事の品質が悪く結果が出ないから、自分がやったほうがいいと思っている。
・部下に仕事を任せても、どうせ仕事のスピードが遅くていつまでたっても出来上がってこないから、リーダーである自分がやったほうがいいと思っている。
・その結果、いろいろな仕事を抱え込む状況に陥ってしまうが、そのような状況で忙しくしていることに関して「自分は仕事ができる」と思っている。

確かに見方によっては「仕事ができる」のかも知れませんが、ではリーダーとしての仕事ができているのかというと疑問符をつけざるを得ません。

リーダーとプレイヤーでは求められる役割が違う

リーダーの仕事とはいったい何なのか？

これを簡潔に表現すると「チームのマネジメント」という言葉に尽きると思います。

〝マネジメント〟と聞いてもしっくりこない方は、〝やりくり〟と言い換えると、よりわかりやすくなるのではないでしょうか。

一般家庭の主婦は、ご主人のある意味限られた給料で、食費や水道光熱費、お子さんの教育費等々を〝やりくり〟しながら、家庭の幸せを守っているわけです。

ビジネスにおけるリーダーは、限られた予算、限られた人員で最大の成果を上げるべくマネジメント〝やりくり〟することを実は求められています。

リーダーの方々からの愚痴として、「もっと予算があれば……」「もっと人がいれば……」といった話が出てきますが、よくよく考えてみて下さい。

リーダに限らず、たとえ社長であっても、予算と人が無限にあるわけではありません。追いつき追い越したい競合企業と比較すると明らかに少ない限られた経営資源が前提で、それをいかに〝やりくり〟して結果を出すかを考え抜くことが必要不可欠なわけです。

仮に、リーダーである皆さんの会社の社長が、現場の作業系の仕事を「やっぱり自分がやったほうが出来上がりがいいな」とか「自分がやったほうが圧倒的に速いな」とか、自慢してくるような状況を目の当たりにしたら、たぶんひいてしまいますよね。

リーダーというポジションについた瞬間から、求められる役割が、プレイヤーとして求められていた役割とは劇的に異なるものに実は変わっていることを再認識しなければなりません。

〝マネジメント〟、〝やりくり〟とは、具体的にどんな行動をとることなのか、について今一度考えてみて下さい。

リーダーの仕事は“チームのマネジメント”

マネジメント≒“やりくり”と考えてみよう

家庭では 限られた予算で、食費や水道光熱費、子供の学費等を**やりくり**する

リーダーは 限られた予算で、限られた人員で最大の成果を上げるよう**やりくり**する

リーダーに求められる役割は
プレイヤーとして求められてきたものと**全く違う**

チームで成果を上げるために有効だとされるPDCA

経営者とリーダーの認識のギャップ

2012年に拙著、『これだけ！ PDCA』を上梓して以降、たくさんの経営者の方から「ウチの幹部にもPDCAをしっかり教え込んでもらいたい」という話をいただきました。

この話の展開で難しいのは、経営者は「ウチの幹部はPDCAを回すといったことができていない」と思っているのに対して、幹部の方々は「え？ (幹部である) 我々に問題があるの？」という認識のギャップがあることでした。

この認識のギャップは、ある意味致し方ないのかも知れません。

幹部のポジションに昇進される皆さんは、プレイヤーとしての働きっぷりを評価されたからこその昇進であり、そもそもマネジメントにおける能力は未知数です。

プロスポーツの世界などでは、「名プレイヤーが必ずしも名監督になれるわけではない」といったことが昔から言われていましたね。

そういうことであれば、マネジメント能力に長けている人材を選出し、幹部に登用することの方が理に適っていることになりますが、これはこれでそれほど簡単な話ではないことが容易に想像できます。

となると、やはりプレイヤーとして結果を出した人材に、同じように結果を出せる人材を育成してもらう方法をとることになりますが、マネジメントはそれまでやってきていませんから、多くの人は、プレイヤーの延長線上で業務を行ってしまいます。

そこを買われて幹部・リーダーになったのですから、高い業績も上げられるかもしれませんが、本当に期待されているチームへのマネジメントという部分でやはり不足が生じがちになってしまうのです。

つまり、経営者が「ウチの幹部はPDCAを回すことができない」という認識を持つ背景にあるのは、「幹部に登用する際に期待していたリーダーの仕事（チームマネジメント＝やりくり）ができていない」ということに尽きるのではないでしょうか。

誰にでも理解できる手法がPDCA

担当する組織のマネジメント＝やりくりをしようと思ったら、その組織に属するメンバーとの共通言語が必要です。

共通言語と言うからには、難しいものではなく、誰にでも理解できるレベルの〝型〟があることが不可欠で、それがPDCAになるわけです。

組織としての目標を達成するためには、しっかり「P：計画」を立てて、それを「D：実行」しながら、適切なタイミングで「C：振り返り」、うまくいっていないところは随時「A：改善」しながら進めなければいけないよね、という話は、誰もが確かにそのとおりだと思うものなので、使い勝手は悪くありません。

プレイヤーとしての結果を出してきた方々であれば、おそらく自らの仕事の範疇ではPDCAを回してきたはずなのですが、実は多くの方が、PDCAを無意識にやってしまっているが故に、他人に説明できるレベルにまで落とし込めていないのが実態です。

と言うのも、私がコンサルティングを依頼された際、スタートの段階で「業務プロセスの見える化（仕事のやり方・進め方をガラス張りにする）」というステップを入れさせてもらうことが多いのですが、「どんな行動をとれば成果を出しやすいのか」という、その会社にとって最も明らかにしなければならない要素は、インタビューに相応の時間を割かない限りなかなか表に出てこないのです。

決して、その秘訣を隠しているといった意地悪な話ではありません。

自分にとっては至って普通の、いわば当たり前すぎる行動なので、その行動自体が結果を出すために重要な行動だという認識が無いのです。

だからこそ、PDCAという、誰でも理解できる〝型〟をベースにしながら、コミュニケーションを深めていくことが大切なのです。

PDCAの話をするときに、「いやいや、そんな計画に時間をかけることなんかよりもどんどん実行することのほうが大事だと思いますし、最終的にはそういう人間のほうが絶対に結果を出しますよ」といった話をされる方が出てきます。会議室に集まっていても、デスクに座っていても、事は動いていかないよ、という主張ですね。

言わんとすることはわかりますが、このような主張をする人も、実行の前に必ず何かしらの考えがあってそれを実行に移しているはずです。もしかすると、それは極めて短時間かも知れませんし、やや感覚的なのかも知れませんが、何の考えもないままに実行などしているはずがありません。

ＰＤＣＡのＰとして「いかに計画を立てているか」という問いかけだと、「いちいち計画なんて立てる時間がもったいないですよ」と返ってきそうですが、何らかの結果を出した前段階で「どう思っていたのか」「何を狙っていたのか」といった行動の前提やきっかけを聞こうとすれば、必ず何かしらの答えが返ってきます。

つまり、誰もが必ず「Ｐ：計画」を立ててはいるわけです。

このあたりに気づけると、チームで成果を上げるためにはＰＤＣＡを活用したほうがいいと思わざるを得ないのではないでしょうか。

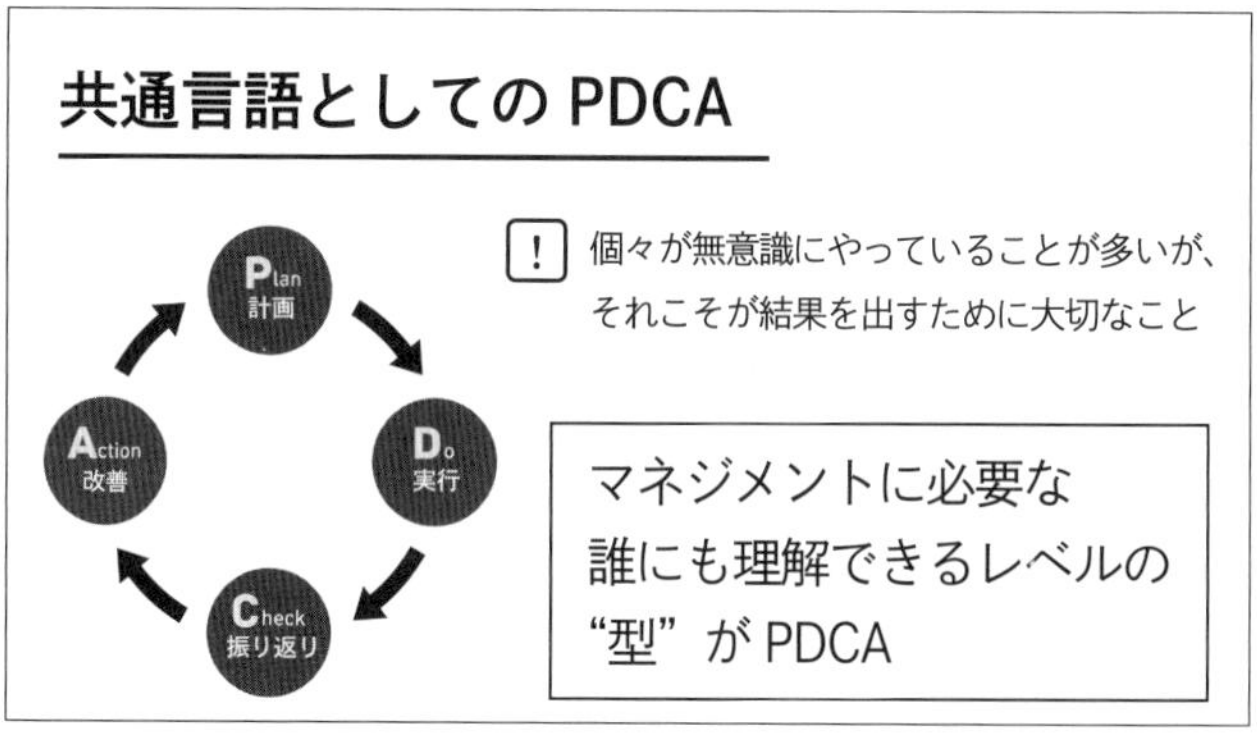

共通言語としてのPDCA

なぜチームのＰＤＣＡは難しくなってしまうのか

思ったように回っていないＰＤＣＡ

「ＰＤＣＡって必要だし、大切ですよね」

「ＰＤＣＡくらいのことは当たり前にやれないとダメですよね」

こんな風に肯定的に言ってくれる方が大多数で、「ＰＤＣＡなんて必要ないでしょ」という否定的な意見を耳にすることはほとんどありません。

ですから、当然、もっとたくさんのＰＤＣＡで成功したという事例の情報が入ってきてもいいのではと思うのですが、決して多くはないのが実態です。

コンサルタントという職業柄、どうしても上手くいっていない企業から依頼をいただくのでそう思ってしまうのかも知れませんが、ここでＰＤＣＡが回っていない企業の共通項を皆さんと共有しておきたいと思います。

よくあるのが、ＰＤＣＡを、単にマネジメントに活用する管理ツールとしてしか捉えていないというものです。そうした企業を、本当によく目にしますし、恐らく失敗している企業はほぼこのパターンにはまっています。

中でもとりわけ典型的なパターンは、ＰＤＣＡの考え方に則ったフォーマットを作成し、それを幹部クラスに記入させて、半期もしくは四半期といったタイミングでふりかえりをさせるといった使い方をしてしまっている企業です。

「いったい何が悪いのだろう？」そう思われるかも知れませんね。

「今までどおり」のワナ

このパターンにはまっている企業では、そもそも「仕事のやり方・進め方」を変えようという意識がほぼ皆無です。

恐らくこのあたりの私の主張も、そのまま受け入れられない方が多いかも知れないので、もう少し認識のすり合わせをする必要があるでしょう。

日本国内を主戦場にしている企業に多く見られるのが、「売上目標はそこそこでいい」

という意識です。市場が成長していないという大前提があるので仕方ない部分もあるかも知れませんが、組織全体に「今まで同様の結果を出せればＯＫ」という意識が蔓延してしまっていることになります。

「今までと同じ結果を出せばよい」のであれば、「仕事のやり方・進め方」は、当然今までどおりで構いませんよね。

しかし、今までどおりでいい、と思っているということは、改善が必要だと思っていないということに他なりません。

根っこの部分でこのような状況に陥っている企業で、「ＰＤＣＡを回そう」などとツールを導入したところで、実態は有名無実化してしまっていると言っても過言ではありません。

ＰＤＣＡフォーマットの「Ｐ：計画」の欄には、「○○をさらに強化する」あるいは、「□□を一層推進する」といったような言葉を並べているだけで、具体的な表現や数値化を避けてしまっているのではないでしょうか。

このような状況を目の当たりにした際に思うのは、「こんな企業では、もはやＰＤＣＡを回そうなどと思わないほうがいいな」ということです。

ＰＤＣＡ管理フォーマットの記入に時間を費やすことそのものが、正に無駄に時間を使っているに過ぎません。それよりもむしろ、変えることのない仕事のやり方・進め方を粛々と管理していれば十分だと思うのです。

ＰＤＣＡには高い目標が不可欠

そう考えると、「ＰＤＣＡをしっかりと回そう」と考える企業において不可欠な要素は、チャレンジングな目標設定になります。

今までとは違う高い目標を本気で達成しようと思ったら、「仕事のやり方・進

なぜ、PDCA が回らない？

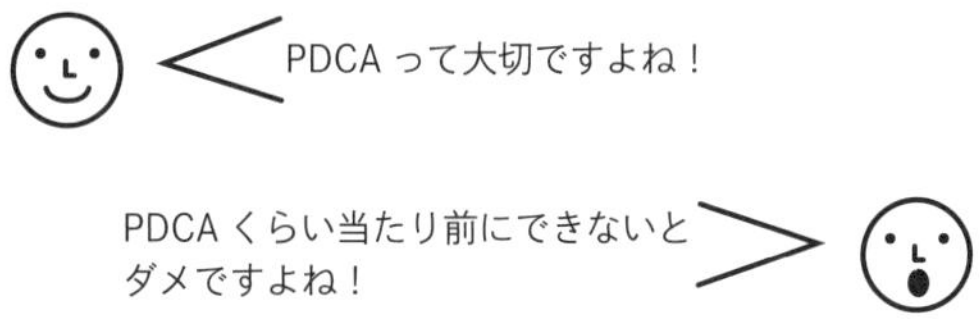
PDCA って大切ですよね！
PDCA くらい当たり前にできないとダメですよね！

⋮

なのに、PDCA で成功したという事例は少ない

⋮

⇒ PDCA で仕事のやり方・進み方を変えようという意識がなく単なるツールとして使ってしまっている。

それならやらない方がマシ！

め方」が今までどおりでいいはずがありません。

つまり、どのように「仕事のやり方・進め方」を変えるのかを計画に落とし込む必要があるわけです。


このような説明をしても、「達成できないような高い目標だとモチベーションが低下して逆効果ではないか」といった意見を述べる方も少なくありません。

私はこう思います。そういう意見が現場から出てくるような企業であれば、おそらくそのとおり、逆効果になってしまうのでしょう。

何を言いたいかというと、決して「達成できないような高い目標」だから、モチベーションが低下してしまうという因果関係が成立しているわけではないということです。

「高い目標」を達成させようとするがあまり「無理（合理性のない、あるいは高圧的）なマネジメントをすること」に対して、現場のモチベーションが低下してしまうというのがより本質的な実態だと思うのですが、そのポイントに気づけないような企業文化であれば到底無理だということです。

PDCAを回すには？

× 今までどおりの仕事のやり方・進み方でいいという意識

○ 高い目標を達成するために仕事のやり方・進み方を変えようという意識

でも……

高い目標だとモチベーションが下がって逆効果では？

違います！
高い目標を達成するために
しばしば行われる“無理なマネジメント”が
モチベーションを下げるのです。

PDCAには、チャレンジングな目標が不可欠！

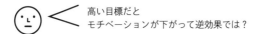

高い目標はいい結果につながる

私の息子は高校時代野球部に所属していました。

神奈川県内で、夏の甲子園に向けた予選は6年連続1回戦敗退と、決して強豪校とは呼べないレベルの高校です。

高校2年の夏の県予選敗退と同時に主将になった息子が、チームを引っ張っていくための目標を定めるにあたって悩んでいる時期がありました。

誰もが納得できるような現実的な目標を、と考えると「3年生最後の夏の大会で1回戦を突破すること」というのがやはりベターなのではないかと考えていたようですが、そうはいっても「なんだかワクワクしない」といったところでの悩みです。

「高校球児なんだから甲子園でいいんじゃないの?」という私の意見に対しては、「そんな100%不可能な目標立てたって何の意味も無いでしょ」と反論してきます。

そこで改めて聞いてみました。

「目標って何の為に立ててるんだっけ？」

「チーム皆で頑張るためには、共通の目標が必要でしょう」

「そこはお父さんも同じ意見だけど。ところでもう一度質問なんだけど、1回戦突破の目標に向かって何をどう頑張ればいいのかイメージできているの？」

「何を？　どう？　ちょっと意味がわからないな。目標達成に向けて、日々チームでやる練習はもちろん、それ以外にも自宅で毎日素振りするとか努力を重ねるだけで、あとは個々のメンバーが真剣に取り組んでいけば良いと思うんだけど」

「うん、確かにその通りだね。ところでこれまで残念ながら1回戦敗退で終わってしまった先輩たちも、お父さんからみると上手な選手もたくさんいたし、練習をさぼったりするような選手はいなかったよね。少し足りないと感じたのは、強豪校であれば普通に意識し、できれば確率を上げようとする細かいプレー。攻撃の際にはひとつ先の塁を狙っていくこと、守備の際にはひとつ先の進塁を防ぐこと、への徹底したこだわりかな」

「確かに、1回戦突破の目標でそういった部分までは変わらないかも」

「そう。甲子園っていう目標は、神奈川県大会で優勝という結果の話よりも、甲子園を目指すような強豪校が通常のプレーで何をしているのかをより意識させることの方を重要視した話なんだ。確かに、強豪校の選手たちのような速い球は投げられないとか、強い打球は打てないとか、そもそものフィジカルなレベルの違いはあるけれども、一方で意識さえすれば真似できるところもたくさんある。そこにチームメンバーが気づいて、今までとは違う意識で練習に取り組むだけで、1回戦突破の可能性は上がるはずだよね」

最終的に、高校3年生最後の夏の大会、1回戦突破どころか2回戦、3回戦を勝ち進み、ベスト32に到達することができました。

彼らの頑張りによるところなのはもちろんですが、目標の持ち方を変えたことも、ひとつの要因だったのではないでしょうか。

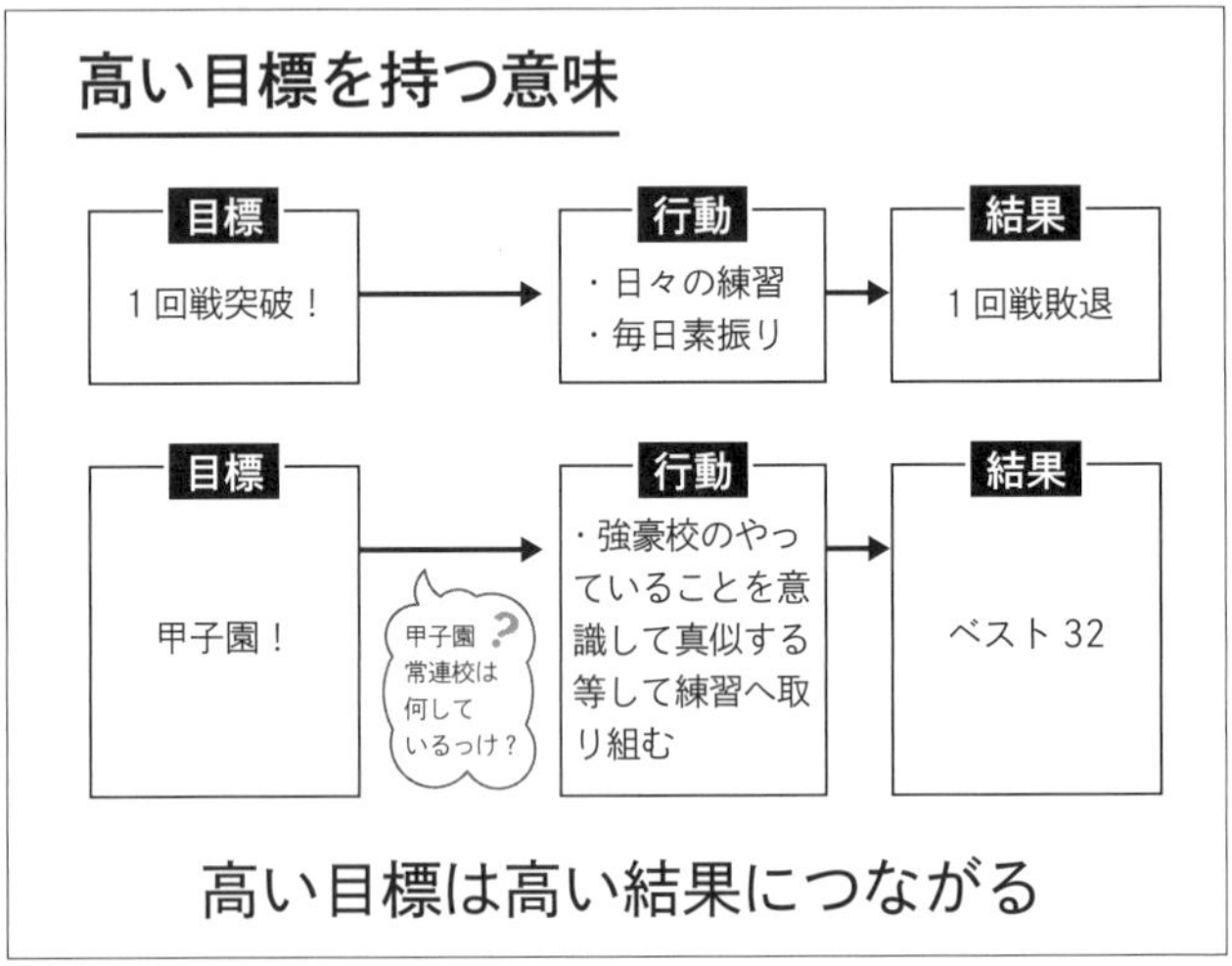

目的と目標の違いを理解する

高い目標を掲げても実行は難しい

仕事のやり方・進め方を変えなければ、今までどおりの結果しか得られない。よって、高い目標を達成するためには、絶対に仕事のやり方・進め方を変えなければいけない、という理屈は十分理解いただけたと思います。

ただし、やはり〝変化〟というのは、言うは易く行うは難しという言葉どおり、決して簡単なものではありません。これまで慣れ親しんできた仕事のやり方・進め方を変えよう、つまり考え方も行動も変えようという話ですから、当然難しいことでしょう。

よって、高い目標を掲げて〝変化〟のスタートを切れたとしても、途中で頓挫してしまうような話は珍しくありません。

組織のリーダーのポジションにいる方々は、こういったリスクに対応できる方法を持っていなくてはなりません。

その為の、必要不可欠な要素として〝目的〟があります。

目標の先にあり、根っこにもある〝目的〟

〝目的〟とは、〝目標〟の先にあるものです。

皆さんは、バスケットボールの「Bリーグ」をご存知でしょうか？

日本国内バスケットボールの組織は、以前2つに分裂しており、その状況が国際的な観点からも受け入れがたいということで、FIBA（国際バスケットボール連盟）より、改善が見られないようであれば、オリンピックはおろか世界選手権の出場も認めないといった状況に陥っていました。

とはいえ、20年以上もの間解決できなかった問題を打開できる糸口はなかなか見つからず、結果として、リーダーシップを発揮してこの問題を解決、Bリーグ発足までこぎ着けたのは、サッカー「Jリーグ」発足の立役者でもある川淵三郎氏でした。〝川淵チェアマン〟という言葉が耳に残っている方も多いことと思います。

しかしなぜ、バスケットボール関係者ではできなかったことを、いわば全くの部外者である川淵氏にはできたのでしょうか？

それはおそらく、部外者だからこそ、より本質的な〝目的〟にフォーカスし、〝目的〟に沿わない個々の事象を排除できたからでしょう。

本質的な〝目的〟とは、「日本バスケットボールの強化」、つまり日本代表が強くなることです。

もちろんバスケットボール関係者も、元はその〝目的〟を持っていたのだとは思いますが、なかなか目に見える結果が出せないなか、〝目的〟から逸脱してしまうような行動をとってしまうといった状況に陥ってしまっていたのでしょう。

日本人であれば、恐らく多くの方が知っている漫画『スラムダンク』だったり、現在も栃木ブレックスで活躍している田臥選手が日本人初のＮＢＡプレイヤーになったり、強化に向けては大きなチャンスとなるようなブームを、単なるブームで終わらせてしまったのが、つまりそういうことだと思います。

川淵氏は、Ｊリーグをきっかけに、これまでワールドカップに出場したことのなかった日本代表をワールドカップ常連国にまでした「日本サッカー強化」という〝目的〟の体現者であり、だからこそすったもんだはありながらも、最終的には、シガラミでがんじがらめだったバスケットボール関係者の合意形成も取り付けられたのでしょう。

ややもすると、〝目的〟というのは明確なゴールの無い曖昧な表現になってしまいますが、だからこそ、そこに強い信念を吹き込むことで組織にとっての揺るぎない軸ができるのではないでしょうか。

この〝目的〟をビジネスの視点で捉えると、〝理念〟ということになると思います。

「なぜ、何の為に、その仕事をやるのか」

なかなか向き合うことのない、働くということの根っこの部分に向き合ってこそ明らかにできると考えるべきでしょう。

例えば、数億円から数十億円の規模感の中小企業の経営者と話をしていると、いったんの近未来の〝目標〟として「地域一番店」というキーワードがよく出てきます。

同じエリア内で戦っている同じ業種の企業というセグメンテーションの中で、まず一番をとっていこうという考え方です。

ひとまずそのポジションを確立することによって、価格主導権を握るといったことが可能になってくるため、企業として利益を上げやすくなり、その結果、次の〝目標〟を描きやすくなりますが、これはあくまでも〝目標〟の範疇の話です。

これらの〝目標〟の先にあるのが〝目的〟だと考えると、例えば「自社の成長によって新たな雇用を生み出す等々の地域貢献を果たす」といったことが上げられるかと思います。

実際に、各地域で〝地域活性化〟や〝地方創生〟を掲げて活躍されている方々のなかには、その地域でビジネスをしている中小企業経営者が少なくありません。

地域活性化によって自らの会社のビジネスがうまくいくというwin-winの話ももちろんあるとは思いますが、そのような活動に注力している経営者は、結果として従業員の方々にもその「想い」を語る時間も多く、共感した従業員の方々が高いモチベーションで仕事に取り組むことができるといった善循環を生み出しているケースが散見されます。

大企業ではなかなか見られない、3～5年といった短期間で売上規模を2倍にするような中小企業の高成長の原動力として、〝目的〟が最も重要な位置づけにあるというのも決して過言ではありません。

P：計画の段階で明らかにしなければならないこと

目標への道筋を明らかにする

業務改善のためには、これまで述べてきた大切なポイントを踏まえて計画を作り込まなければなりません。ここでも当然注意すべきことがあります。

チャレンジングな目標を掲げることで、仕事のやり方・進め方を変化させたいわけですが、そのときに、「何をどう変えるのか」が明らかになっていなければ、誰もスタートを切ることすらできないことになってしまうということです。

例えば、「5年で売上規模2倍」の達成を目指すような成長過程にある組織を想像してみて下さい。

このような投げかけをすると、ややもすると「そんな非現実的なことを考えろということ自体に無理がありますよ」といった意見が出てくることもあります。

私が以前お世話になっていたコンサルティング会社は、中小企業のなかでも売上規模的には比較的小さい、数億円～数十億円規模のクライアントを多く持っていました。そうしたクライアントで、「5年で売上規模2倍」のような話は確かにすごい好事例ではありますが、滅多に出てこないということはなく、むしろ、結構な数、そうした成果を上げた事例を耳にしました。

それを引き合いに出して、「そんな事例いくらでもありますよ」とお伝えすると、否定的だった皆さんも「自分の身近に事例が無いだけなんだ」ということは理解してくれます。

しかし、すぐさま「じゃあ自分たちも」とはなりません。

「5年で2倍だとすると、少なくとも毎年約20％の売上増を達成しなければいけませんが、皆さん、自分のビジネスに置き換えて考えるとどうでしょうか？」

「今年はメンバーが相当頑張ってくれた結果、目標売上である10億円をなんとか達成できたのですが、もしも来期さらに20％増の目標をと言われたとしても、とても達成するイメージなど持てないでしょうね」

というようなことになってしまいます。

理屈として「5年で2倍」が不可能でないことは理解できても、では自らに置き換えた際の「できるかも」という納得のレベルには到達できないのでしょう。

そもそも、メンバーは決してさぼっているわけではなく、頑張って仕事をしてくれていての結果が現状なのですから、ある意味仕方のないことかも知れません。

ここでは、考えなければならないポイントについて順を追って伝えていきます。

まずは、今までにやってこなかったところで20%分、つまり2億円を作る方法を検討しなければなりません。わかりやすいところで言うと、既存顧客ではなく新規顧客ということになりますし、あるいは既存の商品・サービスではなく新規の商品・サービスでということになります。

次に、その新しい領域（新規顧客開拓や新規商品・サービス）の仕事をどのように推進するのか、そのためにはどのくらいの工数を費やす必要があるのかを見積もります。

絶対に目標達成しようと考えるからには、この新しい領域で作る2億円の仕事を優先して考える必要があるからです。

新しい領域にかかる工数を明らかにすれば、自ずと残された使える工数も明らかになりますね。

例えば、これまではメンバー全員１００％の工数で10億円を作っていたとして、新しい領域の2億円を作るために30％の工数をそちらに割く必要があると想定した場合、残りの70％の工数でこれまで作っていた10億円を作る方法を検討しなければならないということです。

新しい領域で2億円を作ることに関しては、仕事のやり方・進め方を明らかにしなければならないのは普通に理解いただけるか思いますが、一方、既存領域である10億円を作ることに関しても、より効率的な仕事のやり方・進め方に変化させなければ、絶対的な工数不足になってしまうことも合わせて理解していただきたいポイントです。

繰り返しお伝えしている「高い目標を達成しようと思うならば、仕事のやり方・進め方を変えなければならない」というのは、つまりこういうことになります。

計画段階で考えておくべきこと

目標　年10億円の売上を5年で2倍にする！

↓

1年で20％の売上増はどうしたら達成できる？

① どうすれば2億円の売上が作れるか
②どのように進めるか。その工数はどのくらいか

↓

⇒ 新しい領域の仕事に割く工数を差し引いた数で
今までの仕事を回さなければいけない

つまり

既存の仕事のやり方・進み方についても、
より効率的なものに変化させなければ
工数不足になってしまう！

**目標達成には仕事のやり方・進み方の
変革が絶対に必要！**

ＤＣＡを高速で回すことの意味

特に最初は毎日確認し評価する

ＰＤＣＡがうまく回らないという悩みを抱えている企業において、あるあるのコメントとして「［Ｃ：評価］に関してはどんなタイミングで実施するのが適切なのでしょうか？」という類の質問があります。

半期に1回、四半期に1回、あるいは毎月、毎週、等々、いろいろな意見がそこでは出てきますが、皆さんはどう考えるでしょうか？

私はどれも正解では無いと伝えるようにしています。

そもそも、半期に1回や四半期に1回は論外だと言わざるを得ません。

幹部クラスにＰＤＣＡマネジメントのフォーマットを配布、記入させた上で、半期もしくは四半期で、振り返りの「Ｃ：評価」をさせるというパターンは、特にビジネスモデルが出来上がっている大企業にありがちですが、このパターンが許されるのは「仕事のやり方・進め方」に関しては従来通りでほぼ変えないときに限られます。

しかしながら、そのようなマネジメントで通用するのであれば、そもそもPDCAマネジメントなどと、幹部クラスに余計な時間を使わせることのほうがもったいないと思ってしまいます。

PDCAマネジメントを活用する場面というのは、より高い目標を達成するために「仕事のやり方・進め方」を変えなければならないときであり、つまりそれは現場にとってはこれまで慣れてきたやり方を変えるという、最初は非常に難しい作業になります。

そのように考えると、「C：評価」に関しては「どんなタイミングで」という質問自体が的を得ていないと考えるべきでしょう。

難しいことにチャレンジさせているわけですから、それがうまくいっているのかどうかは日々確認しなければなりません。

なぜならば、日々の確認を怠ると、「新しいやり方はうまくいかないから元のやり方に戻そう」と思ってしまうのが現場の特徴であり、そのこと自体は決して責めることはできないからです。

新たなプロジェクトを立ち上げても、途中で頓挫してしまったり、あるいは雲散霧消してしまうといったことで悩みを抱えている企業は少なくありませんが、そうなってしまうメカニズムが正にここに表れています。

この悪いパターンから脱却することが、リーダーに求められる仕事ですが、私がお薦めするのは、次のサイクルを意識的に回していくことです。

メンバーが〝実行〟した際の〝体感〟を、最低限リーダー（可能であればチームメンバー全員）が〝共有〟しながら、よりうまくいく確率の高い〝実行〟を模索すること。

「新しい仕事のやり方・進め方」に変えた場合の〝体感〟は、多くの場合〝悪い〟体感だと考えてもらったほうがいい、というかそう考えるべきでしょう。

だから、〝共有〟を怠ってメンバーを孤独にしてしまうと、「自分だけうまくいっていないのではないか」という思い込みが「普通にうまくやれていた元のやり方に戻そう」という思考になってしまいますし、メンバーだけで会話をさせても「皆がうまくいっていないなら元のやり方に戻したほうがいいのでは」という思考になってしまいます。

よく、組織にとって〝変化〟が難しいと言われるのは、こういった思考の癖が現場では普通に起こってしまうからなのです。

今一度、ＤＣＡを高速で回すことの必要性を理解してもらいたいと思います。

PDCAを発展させたLAMDAという考え方

トヨタで生まれた発展型PDCA

数多くのクライアント企業で、PDCAマネジメントの導入～定着に携わってきたコンサルタントとしては、PDCAというフレームだけでも十分だという思いは当然あります。
しかしながら、一方で「PDCAがうまく回っていない」と感じている経営者やリーダーがまだまだたくさんいらっしゃることも実態だと思います。

「LAMDA」というのは、トヨタの製造現場で行われているPDCAをアレン・ウォード博士が体系化した、いわばPDCAの発展型とも言うべき業務改善フレームです。

L「LOOK：現地・現物を観察する」
A「ASK：問い掛けて背景を理解する」

M「MODEL：理解した点をシンプルにモデル化する」
D「DISCUSS：具体的なポイントを議論して深める」
A「ACT：決定事項をベースに実行する」

という5つの段階の頭文字から「LAMDA」とされるものですが、「PDCAがうまく回っていない」企業に対して、不足している点を補足する有効なツールになるのではと思うようになりました。

なぜならばPDCAは、「P：計画を立てて、D：実行し、それをC：評価（振り返り）して、うまくいかないところをD：改善する」という極めてシンプルな考え方であり、「さほど難しい話じゃないよね」と導入もしやすいのですが、そのイメージのまま取り組んでしまうが故に「仕事のやり方・進め方は今までどおりで、PDCAはそれを管理するためのマネジメントツール」という誤った認識が蔓延してしまう傾向にあるからです。

計画をしっかりと作り込まなければならないのは、その大前提として高い目標に挑戦するからです。

この高い目標には、売上や利益といったビジネス上わかりやすい結果指標もありますが、

「LAMDA」とは

Look	現地現物を観察する
Ask	問いかけて背景を理解する
Model	理解した点をシンプルにモデル化する
Discuss	具体的なポイントを議論して深める
Act	決定事項をベースに実行する

トヨタの製造現場で行われているPDCAの発展型フレームワーク！

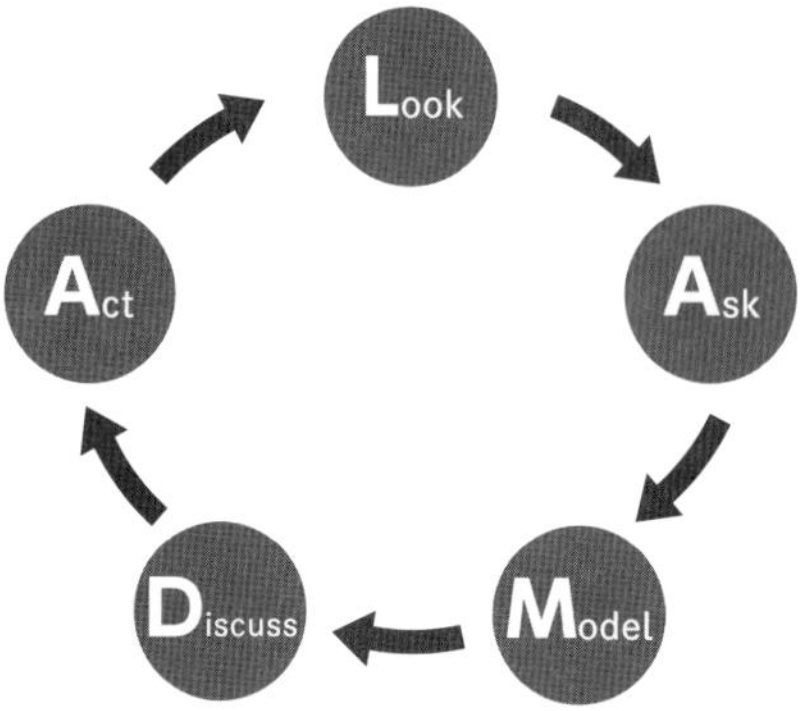

PDCAに「現地・現物」、「双方向コミュニケーション」「プロトタイプ化」「フィードバックの吸収」という原則を追加した、より実効性の高い業務改善フレームワーク！

昨今の「働き方改革」というキーワードのなかでは、生産性を高めるといった目標も当然入ってきます。

例えば、残業が常態化している企業にとって、「残業をゼロにする」というのは極めて高い目標に思えるでしょう。あるいは、営業利益率を現状の3倍にするために、「営業担当一人当たりの担当件数を2倍にする」、「管理部門の処理件数を2倍にする」というのも、現実離れした目標に感じるかも知れません。

しかし、このようにも考えられます。

現実離れしているからこそ、計画段階でしっかりと作り込まなければ、絶対に目標達成などできるはずがないのだと。想定範囲内の目標に対して、「仕事のやり方・進め方」を劇的に変えなければならない、というスタンスにはなりませんからね。

PDCAで失敗しがちな計画に対して、特に計画を作り込む際のステップをフォローしてくれているLAMDAという考え方を、是非多くの方に知ってもらいたいと思います。

また、メンバーを引っ張る立場であるリーダーの皆さんに、改めて理解していただきたいのは、チャレンジングな目標を無理に設定して、自らを苦しい状況に追い込んでしまうといった類の話をしているわけではないということです。

コンサルタントとして「生産性を2倍にする」といった目標を掲げたプロジェクトに参画させていただく際に、私がメンバーの皆さんにお伝えしているのは、今回のプロジェクトのゴールが「皆さんまだまだ頑張りが足りないからもっと頑張りましょう」ということにはなりませんよ、ということです。

現場で仕事をしていて「これはよくないな」とか「もっといい方法があるのにな」とか思う瞬間があるのだとすると、もっと楽に稼ぐやり方が絶対に見つかるはずなんだ、ということを理解してもらえれば、必ず前向きなスタートが切れると思います。

第1章

「LOOK」

現地・現物を観察する

現状認識こそ注意深く行うべき

当然、現状認識はできているという思い込み

どんな役職であれ、リーダーというポジションに就いている方々は、ご自身の会社の中で立ち上げられるプロジェクトに何らかの形で関わった経験があるのではないでしょうか？

プロジェクトには、システム導入といった新しい取り組みに関するプロジェクトもあれば、顧客からのクレームが出ないようにするといった問題解決型のプロジェクトもありますが、その進め方については概ね次のようなプロセスがとられるかと思います。

「現状認識」→「課題抽出」→「解決策立案」→「実行計画策定」→「実行」

「考える時間がもったいないから実行あるのみ」のような考え方では何も進まない、つま

り、合意形成が無いまま、それぞれが勝手に動いたところでいい結果を得ることができないということは、組織で仕事をしていれば多くの方が感じていることです。だからこそ、ステップバイステップで合意形成を図りながら進める必要があるということで定着してきた方法論だと思います。

コンサルタントは、このようなプロジェクトが発足するタイミングで、外部からの知見としてサポートを依頼されるケースが多く、私自身もこの合意形成のタイミングを大切にしながら進めることを意識しています。

その過程でいつも思うことがあります。

ある意味仕方のないことかも知れませんが、クライアント企業のプロジェクトメンバーの方々は、どちらかと言うと、出来得る限りスピーディーに実行段階へ進みたいと考えているケースが大多数だと思うのです。

複数の部門にまたがったプロジェクトのケースも少なくありませんから、早く結論を聞きたいという上司からのプレッシャーも当然あることでしょう。

そんな状況下、外部のコンサルタントは「まず現状認識を」ということで、売上利益や商品管理、顧客情報等々のデータ分析をし、合わせてプロジェクト対象の業務に関わっている現場およびマネジャー、必要に応じて経営陣に対するインタビューを実施します。

類似の事例や業界情報等はあっても、クライアント企業とのお付き合いが初めての場合は、ここに相応の時間を要するわけですが、以前から勤めているプロジェクトメンバーにとってみると、「そんなことそもそもわかってますから」といった感覚になってしまうようなのです。

私自身、コンサルタントとして経歴の浅かった頃は、「何とか早くキャッチアップしますので、申し訳ないですね」といった気持ちで臨んでいたのですが、今はもはや全く逆のスタンスになりました。

現状認識フェーズこそが最も重要だということです。

なぜならば、「そもそもわかっていますから」というのは、その会社の共通認識として整理されたものではなく、個々のメンバーが感じていることを「他のメンバーも同じように感じているはず」だと思い込んでいるに過ぎないからです。

例えば、〝事実〟と〝意見〟は全く異なるものですから、区別しながら議論する必要がありますよね。

上司の指示に対して、まずは「わかりました」と返事をして取り組み始めるAさんがいたときに、「素直で見どころがある」と思う方もいれば、「確かにそうだけど物足りない」と思う方もいます。

このように、同じ〝事実〟を見ながら、異なる〝意見〟が出てくるケースはたくさんあります。

ともすれば、自分の〝意見〟に過ぎないことをあたかも〝事実〟のように捉えてしまっているということも少なくありません。

こうした違いや齟齬を無くすのに役に立つのが「ＬＡＭＤＡ」のＬ、「ＬＯＯＫ：現地現物を観察する」というフレームです。

同じ〝事実〟でも、〝意見〟は変わりうる

かつて私は、外資系自動車メーカーの日本法人で仕事をしていました。

約3年ほど販売会社に出向して営業部門に所属していたのですが、思うように営業実績

が上がらないときには、「良いクルマを作ってくれればもっと売れるのに、やはり日本のメーカーよりも開発力は劣るよな」といった話を営業部門の同僚としていました。

ところが、日本法人の本部に戻って、人材開発系の部門に所属になると、「売上が下がっているのは、販売会社の営業マンのスキルが不足しているからだ」という見解になってしまいます。

〝事実〟は変わらなくても、(経営陣、中間管理職、一般といった)立場の違いによって、あるいは(管理部門、企画部門、営業部門といった)役割の違いによって、出てくる〝意見〟は当然違ってくるわけです。

また、ひとくちに〝事実〟と言っても、表面的な部分をさらっているに過ぎない〝事実〟もあれば、より本質的な部分に切り込んで捉える〝事実〟もあるでしょう。

現状認識を言い換えると、正しい〝事実〟認識になると思います。

そう考えると、このLOOKステップの重要性を再認識いただけるのではないでしょうか。

現地・現物で観察することの重要性

[!] 同じ“事実”でも捉え方によって
違った表出のしかたになる

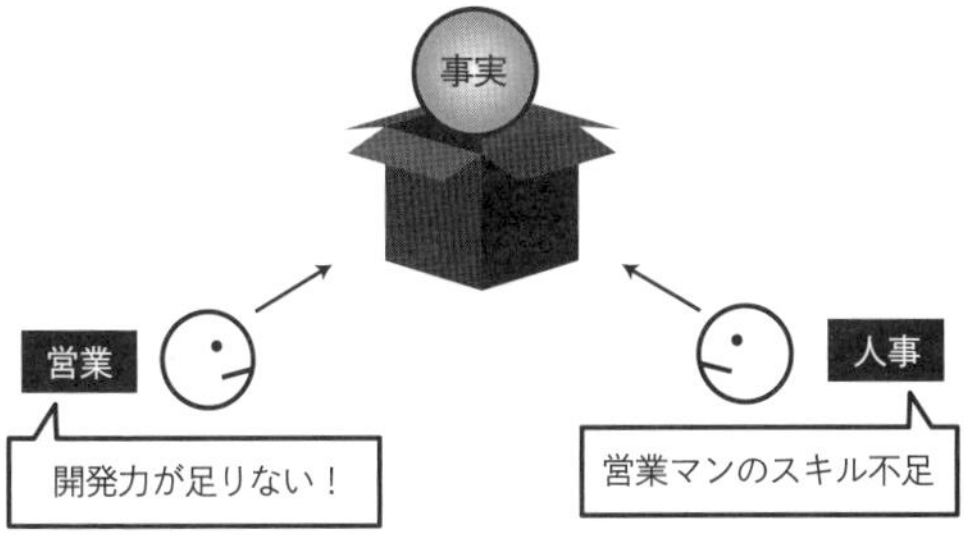

⇒ それぞれの“意見”を
事実のように誤認しがち

正しい“事実”を認識することが
業務改善には欠かせない！

「机上の空論」は×

現場でなくてはわからない

かつてヒットした「踊る大捜査線」という映画のなかで、現場刑事の「事件は現場で起きているんだ」に共感し、その上司の（ニュアンスはやや異なりますが）「事件は会議室で十分解決できる」に反感を持った方、決して少なくはないと思いますがいかがでしょうか？

なぜ、このような投げかけをするのかというと、〝現場〟に行かなければ何も見えてはこないということがわかっていながらも、やはりなかなか皆さん〝現場〟に足を向けることが無いんだなという風に思うことが多いからです。

かくいう私自身も、自動車メーカーの本部オフィスで仕事をしていた際に、販売店を訪問することなどほとんどありませんでしたし、仮に、せっかく販売店経営陣との打ち合わせといった用事でいわゆる〝現場〟に訪問することがあったとしても、時間をかけて〝現場〟を見ることなどせずに、用事を済ませるとすぐに自分のオフィスに帰社していました。

確かに、日々片付けなくてはならない仕事が山積しているという状況もありますし、販売店で仕事をした経験もあることから、あらためて〝現場〟を見ることなどしなくても自分にはわかっているという思い込みもあったかと思います。

コンサルタントとして仕事をするようになって、あらためて良かったなと思うことは、必然的に客観的な視点というものが要求されるため、〝現場〟を見る際も、サービスを受ける顧客側の視点、サービスを提供する側の視点といった様々な視点で〝事実〟を捉えようというスタンスに立てるようになったことです。

少し前の話になりますが、携帯電話キャリアA社の本部から相談を受けたことがありました。

「最近、ショップを利用したお客様からのクレームが多くなってきたので、調査をしたところ、待ち時間が長いというものが一番多いことがわかりました。改善を図るべく、ショップ内部の業務改善（タスクのスピードアップ）とそれに伴う販売員研修の提案をお願いしたい」

というオーダーで、2週間後にコンペということだったので、まずは近隣のショップにお客様として行ってみることにしました。

少し小規模なショップで、カウンターが3席。すでにそのうちの1席でお客様を対応しているところでしたが、販売員は1名しかいない様子で、他の2席は空いているけれども待合席で待っているお客様が1組いるといった状況でした。

そこから私の順番が回ってくるまでの時間が約45分、私のすぐ後に来店されたお客様は待ち切れずに帰ってしまいました。私自身も、提案するにあたっての調査だったから待てましたが、お客様として待っていたら我慢できなかったかも知れません。

当時は、NTTドコモが圧倒的なポジションを築いていたときで、そこまでシェアを獲得できていなかったA社では、比較的小規模なショップが多く、このような状況が各エリアで起きていたのだと思います。

提案の際のプレゼンテーションでは次のようにお伝えしました。

「実際にいくつかのショップで確認しましたが、お客様からのクレームの要因として販売員の業務スピードが遅いというのは主たる要因では無いと思われます。必要なのは、まず代理店であるショップに対する販売員の人数体制整備の指導であり、もうひとつはお客様の待ち時間を前提としたストレス低減の施策（お待たせしていることへの声掛け、想定待ち時間の案内、待合席のツール整備等々）が必要になるでしょう」

ちなみに、コンペに参加した他の業者から出ていた提案は、現状のショップ業務の問題点を洗い出すために、ひとつひとつの業務にどれ位の時間がかかっているのかを明らかにした上で、スピードアップに向けた施策（ショップのゾーニング、書類・文具・備品の再配置）を図りましょうというものでした。

後日、担当の方から結果を聞いたところ、やはり課題の定義からやり直すべきだという声が大半になり、結果としてどの業者にも依頼しなかったということでした。

本部が考えていた問題点と、実際の現場で生じている問題に差異があったのですから、課題の再定義は必然なのですが、これは「現地・現物を観察」しなければ見えてこなかったことです。

「事件は会議室で解決する」スタンスのリスクを理解いただける事例としてはわかりやすいものではないでしょうか。

「会議室」では問題は見つからない

【クレーム】

待ち時間が長い

経営陣

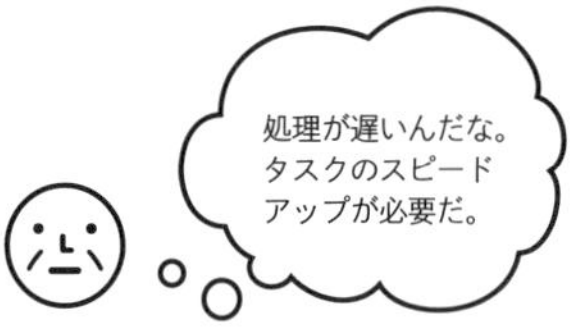
処理が遅いんだな。
タスクのスピード
アップが必要だ。

実際に現場を見ると

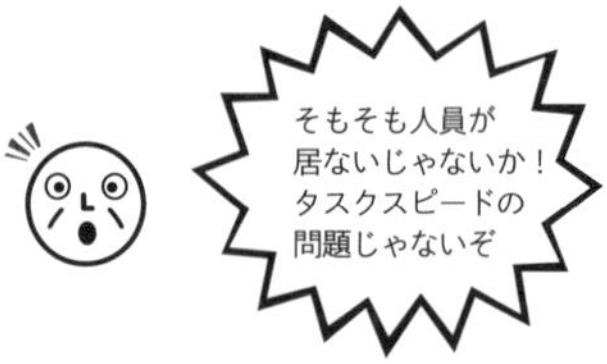
そもそも人員が
居ないじゃないか！
タスクスピードの
問題じゃないぞ

本当の問題を見つけるためには
現地・現物を視察しなければいけない

現場を見ることで本当の課題が見える

現場を見ることで本当の課題は見えてくる

現地・現物を観察することの重要さについて、旅行代理店B社の事例も紆余曲折があって興味深いものだと思います。

以前は、ユーザーが旅行という商品を購入する際は、旅行代理店が展開するショップに行くという行動が大半を占めていましたが、インターネットが一般化することによって、ショップを持たない業者の参入、個人で移動手段や宿泊施設を手配するユーザーの増加等によって、既存の旅行代理店にとっても新たな打ち手が求められていました。

B社も、当然ながら、インターネット販売の強化等に取り組んでいるところでしたが、一方で既存のショップチャネルの収益性を向上させることが不可欠になっていました。

ちょうどそのようなタイミングで、「エリアマネジャー育成」という仕事を依頼されて受けることになりました。

エリアマネジャーは複数のショップを管轄・管理する役割を担っているのですが、経営陣からは、彼らはマネジメント能力不足で、その役割を果たせていないという評価が下されていました。

ネット販売の台頭で、ショップチャネルの売上向上が厳しい環境下において、各ショップの店長というポジションでも現場業務に忙殺される傾向にあり、ショップマネジメントのかなりの部分をエリアマネジャーが担わなければならないということです。

私としては、フランチャイズチェーン本部の仕組みづくりや、ショップオペレーションの標準化といった経験があったので、そういった知見を活かせるという考えで仕事を受けたのですが、実際にプロジェクトのスタートで、エリアマネジャーの基本的な業務を確認する目的で同行させてもらった際に、いくつかのサプライズがありました。

ひとつは担当ショップ数の多さです。

担当の少ないマネジャーで約30店舗、担当の多いマネジャーになると約50店舗になっており、そもそもこれは非現実的だと言わざるを得ません。

ショップのクリンリネスや販促ツールの展開などをチェックするような役割に絞られて

いるのであればまだしも、B社の場合はショップのマネジメントは店長よりもエリアマネジャーが担うというようになっているわけですから、はっきり言って不可能、見なければならない範囲が多すぎます。

参考までに、CVS業界のセブンイレブンに、同じような役割で「フィールドカウンセラー」という職種がありますが、担当店舗は1人当たり平均6~7店舗だということなので、そこからもB社のエリアマネジャーへの要求が無茶苦茶であることがおわかりいただけるのではないでしょうか。

もうひとつは、業務内容の属人化です。

特に日本全国に店舗展開しているようなフランチャイズチェーン等であれば、業務の標準化が絶対条件なのはご承知のとおりです。

というよりも、効率的な儲け方をシステム化して店舗拡大を図っているので、必然的に標準化されているといったほうがいいかも知れません。

しかし、B社の本部で、店舗スタッフのなかにはお得意様（ヘビーユーザー）に個別でお薦めの旅行案内などをしながらリピート促進をしているスタッフがいて、そのような取り組みを推奨しているといった話を聞いた際に、確かに取り組みとして素晴らしい点はあるものの、標準化の観点からは少なからず違和感を持ちました。

店舗に訪問した際には、スタッフの皆さんから、「トイレに行く時間も無いくらい忙しすぎる」、「特に繁忙時間帯はお客様の雰囲気もピリピリしていて心理的にもストレスがかかる」、「だからスタッフの離職率も高い」といった話がありました。

本部で聞いた、素晴らしい取り組みをしている店舗スタッフの話など、想像できる空気でも無く、エリアマネジャー育成に落とし込めるようなコンテンツも一般論としてはあるもののB社特有のものまでは見出せない状況で、プロジェクトメンバーには「もう一度、ショップをしっかりと観察しましょう」という提案をしました。

調査対象ショップは、現在主流となっているショッピングセンターにテナント出店しているパターンのショップ、エリアは本部に協力する姿勢が強い関西エリアの業績の良いショップと悪いショップをそれぞれ3店舗、繁忙期に入る前の月の平日と休日それぞれ1日で、開店から閉店まで1日中チェックすることで合意しました。

調査から判明したこととして最も評価の高かった知見は、接客時間のバラつきです。

1組あたり平均接客時間は約40分だったのですが、支払い・チケット受け取りのお客様は大体10~15分で終了していました。

つまり、相談のお客様に要する時間が相当にかかっていることがわかりましたし、なかには2時間もかかっているケースもあったのです。

業績の悪いショップは、待っているお客様もほぼいないので（そもそも出店する必要が無いという意見は横に置いて）思う存分接客に時間をかけても構いませんが、業績のいいショップでは、平日でも16時過ぎ位から、休日ではお昼前後から待合客用の受付カウンター（番号カードが発行されるもの）が稼働します。

比較的待ち時間をつぶしやすいショッピングセンター内という立地条件もあって、ピーク時間帯は待っている客数が20を超えたりするのですが、カウンター席数は多くても7つ位ですから、20番目のカードを引いた方は、接客中のお客様がすべて終了してさらに2回転したあとに順番が回ってくることになります。

平均接客時間が40分だとすると、早くても80分後になってしまう計算になりますね。

当然のことながら、待ち切れないお客様も出てきていて、そういった方々は隣の旅行代理店に行かれます。

規模の大きいショッピングセンターだと、複数の旅行代理店が出店していることが殆どなので、捌き切れなければ機会損失になるというわけです。

調査結果は、次のようにプロジェクトメンバーにフィードバックしました。

そもそも提案いただいた、エリアマネジャーの育成については、現況を鑑みるにそもそもの本部から彼らに期待する要求が過大すぎる。

確かに、旅行という商品はお客様によって選ぶものが千差万別だから、店舗スタッフのスキルに依存しがちになるのかも知れませんが、属人化を許しすぎると効率的な経営からはどんどん遠ざかっていきます。

ショッピングセンター内テナント出店においては、そのショッピングセンターの集客力が高ければショップの業績も高い（集客力の弱いショッピングセンター内のショップの業績は低い）という相関関係にあるので、ショップ運営ではカウンター通過客数を最大化することに注力するのみです。

その為にも、例えば国内旅行の相談時間は20分、海外旅行の相談時間は30分と定めて、その時間内に収まるように接客内容の標準化を図ります。

現地・現物をじっくり観察することが改善の第１歩

もっと業績を上げるために
エリアマネジャーの育成が必要！

でも
↓

エリアマネジャーへの要求が
すでに過大！

現場を１日中観察すると……

・接客時間のバラつき
・待ち時間による機会損失

問題が見えてきた！

**実際に何が起きているのか
現地・現物をある程度
時間をかけて観察しよう**

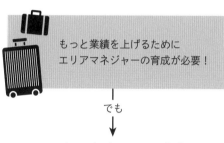

当然、機会損失を減らすことによる収益増が見込めますが、待つ側のお客様からのクレーム等が減ることによって店舗スタッフのストレス低減にも寄与すると思います。

B社プロジェクトメンバーは、この提案を受けてから再度社内で議論した上で、エリアマネジャーの育成はいったん先延ばしし、ショップ業務の標準化に的を絞った活動に転換することとなりました。

本当の意味で〝現場〟を見るというのは、単に「様子を見る」のではなく、例えば1日中等の単位で「じっくりと観察する」ことが大切なのだと思い知らされた事例です。

正しい事実を見つけることの重要性

生産性向上を阻む「業務の属人化」

昨今の〝働き方改革〟というキーワードのもと、あらゆる企業において〝生産性向上〟が求められる風潮にあるのは、皆さんもご承知の通りです。

私自身、生産性向上コンサルティングを数多く手がけさせていただいておりますが、最近では、税理士や司法書士、あるいは社会保険労務士等のいわゆる士業といわれる業種からのご依頼も増えてきました。

士業ビジネスなので、各種手続きが主な仕事内容になるわけですが、あらゆる士業事務所において〝あるある〟の問題が前項でも触れた「業務の属人化」になっています。

完全に単独で事務所を構えているところには当てはまりませんが、仕事量が増えていくにしたがって、複数の資格者、そして資格を持たない事務スタッフを採用しながら組織化を図っている事務所であれば、組織としてより効率的に仕事を回しながら利益を上げていくのが、組織化する本来の目的だったはずです。

しかしながら、講演やセミナー等で、この「属人化」のお話をさせていただくと、かなりの割合の参加者から「ウチも悩んでいる」というご相談をいただくことからも、本来の目的どおり組織運営できている事務所は数少ないのではないかと思います。

もう少しイメージを持っていただくために、税理士系のC事務所に絞って話を進めましょう。

C事務所は、事業をスタートしてから数年で約2億円の売上規模にまで拡大、業界の中でも順調に成長している事務所です。

相談内容は、順調に売上を伸ばしてきてはいるものの、利益の方はさほど伸びないという状況に陥っており、数値面で言うと、売上高対利益率を飛躍的に伸ばす方法を見出したいというものでした。

さて、税理士事務所の効率を悪化させてしまいがちな業務として「記帳代行」があります。

フリーランスの自営業の方々、あるいは中小零細企業の一部も入ってきますが、経理専任担当者のいない組織の税務申告に関連する作業を代わりにやってあげますよ、というサービスがこの「記帳代行」になります。

では、なぜこのサービスが非効率になってしまうのかというと、業務プロセスの「標準化」を進めていないために、仕事を受注する際のルールが極めて不明確なことが上げられます。

「記帳代行サービス」ですから、請求書や領収書等々の原本を受け取って、それを台帳に落とす（システム入力する）というプロセスが発生するわけですが、顧客から受け取る際にそもそもデータ化されている状態であれば、その後の入力は楽に進められますね。

しかし、現実的にはそこまでやってもらえる顧客は少数で、原本をそのまま送付してくる顧客がほとんどです。それも、旅費交通費系、接待交際費系などと分類もされておらず、なかには、郵送されてきた書類を開封することもなくそのまま転送してくるような顧客もいたりするのです。

こうなってくると、その先の入力作業の工数はかなりの時間を要することになってしまいます。

また、書類回収のタイミングの話も合わせて発生していて、定期的に毎月送付してもらえる顧客もいれば、確定申告のタイミングに合わせて1年間分を送付してくる顧客もいる、という現状もあります。

このように様々なタイプの顧客がいるにも関わらず、一定の最初に決められたサービス料しかいただけていないとするとどうでしょうか？

C事務所では、仕事を受注しやすくするためにできる限り安価なサービス料で提案したいということで、比較的効率的な処理をできる前提でサービス料を決めていました。

これで、郵便物の開封さえもしてくれていない顧客にかかっている工数を費用換算すると、管理会計的には実質赤字になる計算です。

請求書を分類し、毎月送付してもらえる前提で設定した料金で、封も開けない書類の山を年1回送ってくる顧客を処理していたら利益率の向上など望むべくもありませんね。

やはり、正しい〝事実〟を確認することは、極めて重要だということをご理解いただけるのではないかと思います。

さて、この税理士事務所あるあるの問題を、他業界の方々にお話をすると、ほとんどの事務所がさほど大きくはないということもあって、「やはり成熟していない（小さな）組織だと非効率な部分がどうしても出てきてしまうのでしょうね」と、自社には当てはまらない話だと感じてしまうかたも少なくないようです。

私の管理部門（経理、人事等）の生産性向上コンサルティングの経験からいうと、学んでいただきたい点が多々あるように感じています。

改善することで効率化につながる本当の問題は

システムベンダー企業D社の管理部門では、毎月末にいわゆる月締めの作業が集中し過ぎるがあまり、残業時間の増加および派遣社員の雇用、月次決算の遅れが顕在化し、業務の効率化が急務だということでコンサルティングがスタートしました。

どうしても業務が月末に集中してしまうから、個々の業務のスピードアップを図るべく施策を検討したいという話でしたが、1ヶ月間の各メンバーの仕事内容を確認した結果、月末付近のタイミングで集中している作業は、ライン部門のシステムエンジニアおよびコンサルタントからの「旅費交通費請求処理」、それに伴う「クライアントとの業務完了および請求処理」でした。

約1000名のライン部門メンバーに対応することになるので、それが集中することによって管理部門がキャパオーバーになるのはある意味当たり前です。

よって提案内容としては、タスクのスピード化がメインではなく、ライン部門に対する厳格なルールの適用を上げました。

・旅費交通費は、発生日の翌日までに入力処理を済ませること
・クライアント業務に関しては、納品日の翌日までに業務完了入力をし、請求書発行のプロセスに移行させること
・プロジェクトリーダーが個々に発注・管理していた外注を購買部門からの一括管理に変更すること

提案内容の本筋を管理部門のプロジェクトメンバーに伝えた際、「ライン部門は、売上を上げることに集中すべきで余計な負担はかけたくない」であるとか、「そもそもライン部門が花形部門で、自分たち管理部門はそれをサポートする立場だという風土があるから、ルールを決めても守ってもらえない」といった意見で、少なからず抵抗もありましたが、「①

タスクのスピード化のみを実施するパターン」と「②厳格なルール適用を含めるパターン」それぞれを損益計算書に落とし込んで、最終利益の比較を見せたところ、ようやく②でいくべきだという話に落ち着きました。

実際に施策を導入したところ、毎月、月末月初に契約していた派遣社員の費用が0に、管理部門メンバーの残業費用が60％削減と、これだけでもインパクトは大きいですが、月次決算に関しても、速報レベルであれば1日に出せるということも高い評価を得られました。

同じような話は、複数のグループ企業の管理部門を統合したシェアードサービス会社でも起きています。

シェアードサービス会社の成り立ちは、もともとはグループ企業各社の総務、人事、経理部門を集めることで効率化（コストの最小化）を図ろうと意図されたものです。

効率化を数値面でも評価できるように「会社」という組織になっているわけですが、そこでは、売上を上げなければならず、その売上はグループ会社から仕事をいただいているからこそ成立するという意識が染みついてしまう傾向にあるようです。

正しい事実を認識しよう

[!] タスクのスピードアップが必要

それは
いいことだけれど
本当の問題は
何なんだろう

⇒ それぞれのこなせない量の
タスクが一時期に集中する
“仕組み”が問題！

“本当の問題”を見つけなければ、
本質的な業務改善は難しい

統合した時点では、各グループ企業の管理システムは当然バラバラです。決算処理、領収書・請求書処理、給与計算におけるシステム入力と出力等々、上げればキリがないレベルでバラバラなものを統一化するからこそ全体の業務効率が上がるのですが、なかなか手がつけられていないケースが散見されます。

「高い費用を払っているんだから今まで通りやってくれて然るべきだ」というグループ企業各社側に対して、「こちらはその費用をもらっているわけだから、要求どおりのサービスを提供せざるを得ない」というシェアードサービス側で、妙なバランスが成立してしまっているのです。

おそらく、グループ全体の利益を最大化することに意識を持っている方が、この状況について正しい〝事実〟認識をすれば、動きは大きく変わってくるだろうと思うと、〝誰〟が見るのかも重要な要素になりますね。

視点を変えて、私の息子がやっていた高校野球の話を再びしましょう。

私自身は、野球についての専門家ではないので、それは素人の見方だというご意見もあるとは思いますが、ある意味、素人だからこそ「観察したこと」にしか対応できないというところに注目してもらえればと思います。

主将になった息子は、高校3年生の春を迎え、あと3ヶ月で最後の夏の神奈川県予選というタイミングで、思うように打率が上がらなくなっていました。

毎週土日はほぼ練習試合に充てられていて、その結果が監督より父兄にも送られてくるのですが、打率2割5分程度の成績です。

私もほぼ毎週の練習試合は観戦していたのですが、「打てない」という結果は当然見ていてわかるものの、「なぜ打てないのか」は専門家でないぶん、わかるわけもありません。

とはいえ、ほぼ毎試合観戦しながら何も言えないのも芸がなさすぎると感じた私は、息子のバッティング風景をビデオに録画し、その動画をPCに落とし、ユーチューブで探したプロ野球選手や甲子園に出場している高校野球選手の動画と徹底比較を試みました。

そこで、自分自身が「目から鱗かも」と、感動したのが次の発見です。繰り返しますが、専門のかたにとっては当たり前かも知れません。

プロ野球および甲子園レベルの選手の共通項目

①始動がやや早め（投手に合わせるというよりも自分のタイミングというイメージ）

②思い切り後ろにテークバックしている（いわゆるコンパクトでは無い）
③②から一気に最短距離で振り抜いている（当てにいかない）

なぜ「目から鱗」なのかというと、「空振りだとノーチャンスだから球に当てたい」と思えば思うほど、「投手のモーションに合わせる」「コンパクトにスイング」しようとする、つまり小さくスイングしがちになると思うのです。

実際、自分の息子は、ビデオで観ないとわからないレベルですが、どんどんスイングが小さくなっていました。

しかし、打率を上げるには強い打球を打つ、すなわちスイングスピードを上げなければならないので、決して当てにいってはいけない、そのレベルで器用に当てたところでヒットにはならないわけです。

言葉で言うと「球をよく見てコンパクトに振る」のではなく、「自分のタイミングで弓を引くように深くテークバックをしたところから一気に振り抜く」というアドバイスになります。

あと3ヶ月もあるから、まずは「空振りを恐れず」というよりも、「積極的に空振りしていく」なかで、自分のスイングを作って、その作ったスイングで、投手の投げたボールにアジャストしていくというのが打率を上げるために必要なプロセスだと思う。

息子と一緒に動画を見ながら、自分が〝見て〟わかったことを伝えたところ、彼自身も気づいていないことでした。

そこから徐々に調子を取り戻して、最後の夏の大会では4試合を戦い、打率4割までもっていくことができました。

つくづく思ったのは、言葉というのは非常に便利だけれども、伝えたいことが正しく伝わらなかったり、聞きたいことを正しく聞き入れられなかったりするものだなと。

息子のバッティング改善事例も、「スイングスピードを上げなきゃいけない、そりゃそうだ、当たり前だよ」という話だと思うのです。

しかし、そうは言っても、わかっていても、結果として間違った方向にいってしまうこともあるし、それは〝事実〟を見る、観察する、ところで発見できたりするのです。

ビジネスでも同じように大事にしたいと思わせてくれた、いい経験です。

第2章

「ASK」

問いかけて背景を理解する

問題の「原因」はどこに？

「問題」はあくまで改善の入り口

さて、前章「ＬＯＯＫ」で、現状認識をすること、正しい〝事実〟を認識するとはどういうことなのか、現場を観察することの重要性について十分ご理解いただけたかと思います。

でも、だからといって「よし、これこそが解決すべき問題だから、ただちに改善に取り掛かるぞ！」となるのはちょっと我慢しましょう。

なぜなら、本当に効果のある業務改善をするためには、その〝起きている事実〟が「何で」生じているのかを明確にする必要があるからです。

実は、組織で生じている問題の多くは解決に向かっていないという実態があるのですが、皆さんの会社はいかがでしょう。

年初あるいは期初に、経営陣あるいは幹部クラスから「今年はこの課題に取り組もう」と発言されている課題、「表現の仕方を変えているだけで実質は例年と同じ」ような課題が上がっていると感じたりはしないでしょうか？

声の大きな幹部クラスが「わが社の最大の課題はこれなんだ」と発言している内容に対して、「確かにそれもあるだろうけど、もっと重要な課題があるよね」と冷めた目で見ているメンバー（自分も含め）がいたりしないでしょうか？

また、単に日々の業務を進めるなかでも、所属している部門が違うだけでモノの見方が変わってくるなどということは、恐らく多くの方が経験されているのではないでしょうか？

問題解決は難しいもの

世の中に、なぜ「問題解決」に関する書籍があふれているのかというと、それほど「問題解決」が難しいテーマだからです。それが組織の問題であればなおさらです。

組織の問題が難しいのは、「確かにその問題を解決することがわれわれの会社にとって不可欠なことだ」という〝合意〟形成を多くのメンバーと図らなければならないからです。

　この〝合意〟が、かなりやっかいなしろものです。


〝問題〟の捉え方は人によって様々であり、例えば、「業績が上がらない」「残業時間が長い」など、色々なものがあります。

　発見した段階のままで、その問題解決に取り組むことももちろん出来なくはないのですが、〝合意〟のプロセスに時間をかけていないが故に、その多くのケースが場当たり的な活動にとどまってしまい抜本的な解決には至らないし、しばらくすると同じ問題が生じてしまうというパターンにはまってしまっています。

「業績が上がらない」から自社の営業マン研修をしよう、と、まあここまで短絡的に取り組む会社は無いでしょうが、そういった期待を抱いて研修に取り組む会社は少なくないと思います。

　しかし、現実的に考えると、営業マン研修をやったから業績が上がったという話もほとんど耳にしないわけで、経験的にその（方策が足りない）ことを多くのメンバーが感じてしまっているからこそ、場当たり的といったイメージが蔓延してしまうのです。

多くの企業にとって喫緊の課題になりつつある〝働き方改革〟に関しても、「残業時間が長い」という問題を深堀りすることなく、一方的に「○時以降の残業禁止」などといった方策が展開されているような話も耳にします。

これなどは、象徴的な場当たり的方策だと言えると思うのですが、実際にこれをやろうと言い出した人（経営陣だろうが人事労務部門だろうが）も、そんなことは百も承知でしょう。

とはいえ、抜本的な対策を検討するまでには時間を要するから、とりあえずやってみようということに過ぎないのだろうと思います。

質が悪いのが、たとえ場当たり的だとしても、残業禁止のような方策が打ち出されると、結果としての残業時間は確実に減るということです。

本当に無駄な残業をしていた分の減少もあると思いますが、一方で、終わっていない業務をオフィス以外で対応しているケースも決して少なくはないでしょう。

しかしながら、とりあえず方策を出した側としては、「なんだ、意外とこれだけでも成果が出るじゃないか」と考えてしまい、抜本的な対策の検討が置き去りにされてしまう、なんてことが起きてしまいます。

「え、そんな無責任なことで済まされないですよね？」このような気持ちになってしまう方もたくさんいらっしゃることだと思いますが、私はこう考えています。

それくらい、組織の〝合意〟形成は一筋縄ではいかないと（潜在的に）思っている方が多いことを証明してくれているのではないかと。

端折ってしまう方が多いからこそ、ここを端折ってはいけないんだよという意味で、LAMDAのA「ASK」が頭出しされているように思います。

「ASK：問いかけて背景を理解する」、という段階は、組織の〝合意〟形成においては必要不可欠な手段になるからです。


パッと出てくる問題を把握することは、言うまでもなく大切ですが、同時に、それはあくまで表面化した一面でしかありません。

あらゆる問題には、〝階層〟があることを意識するようにして下さい。

例えば、「業績が上がらない」といった問題について、私は「結果中の結果だね」という表現をするようにしています。もっとも表層的なところにある問題だというイメージを共有するためです。

一方で、議論をし尽くしたなかでメンバーが抽出してきた問題については、「それこそが原因中の原因かも知れないね」といった表現をします。それこそがもっとも様々な問題の中核、つまり根本的な問題であるというイメージです。

「結果中の結果」の問題と「原因中の原因」の問題の間にも、さまざまな問題がありますが、だからこそ〝階層〟が確実に存在するわけですね。

〝階層〟があることを意識するだけでも、自分が気になっている問題はまだまだ表層的部分をなぞっているに過ぎない、あるいは、かなり核心に迫っているはずだ、という視点を持てますから、議論の質も上がるのではないでしょうか。

さて、〝階層〟があるということは、あらゆる問題には、「何で」それが生じているのか、つまり、「原因」が存在しますが、その「原因」が「原因中の原因」、いわゆる根本的な問題なのかはパッと見ただけではわかりません。

しかし、「原因中の原因」に対する打ち手を打たないかぎり、類似した問題が発生し続けてしまうのです。

チームの問題を改善したぞ、と思ってしばらくしたら似ている問題が生じ、また改善し、また生じ……。これではあまりに非生産的ですし、リーダーは疲弊し続けてしまいます。

聞くことで「見える化」できる

ではどうすればいいのかというと、当たり前の話ですが、「原因中の原因」を見つけ出して、そこを叩くのが最も効果的なわけです。

では、どうやってその「原因中の原因」とやらを見つければよいのでしょう？

リーダーは、チームの業務について精通しています。だから、「この問題の原因はコレだな」と直感的にわかります――というのはかなりリスキーな考え方です。

リーダーが、他のチームメンバーよりも、「原因中の原因」に辿り着くスキルを持っていると自負する気持ちもわからないではないですが、ある程度問題を深堀りすることはできても、「リーダー個人の認識」の範囲で「原因中の原因」にまで辿り着いたという方には、未だにお会いしたことが無いくらい、実は難しいことです。

また、繰り返しお伝えしているように、組織の問題を解決するために不可欠な要件である〝合意〟形成をクリアするためにも、最初からメンバーを巻き込んでおくことが肝要です。

メンバーはそれぞれで違った捉え方をしていることが当然ありますし、ごくまれには、そもそも「問題」に気づいていないことすらあります。

リーダーとメンバーという立場の差だけでなく、メンバー間でも経験や人格は当然違う。それを乗り越えて、問題を共有し、改善のスタートを切るための「原因中の原因」を見つけなければなりません。

現場で起こっていることを、正しい〝事実〟として認識し、「コレが問題だよね」を理屈として共有し、「じゃあこうしていこう」という方策への実現可能性が見える、いわゆる理解と納得がなければ業務の改善、生産性の向上など一生できないのです。

そのためのスタートとしてめちゃくちゃ役に立つのが、「問題の見える化ツリー」です。

「パッと見」問題に見えるが……

・業績が上がらない
・残業時間が長い
　　⋮
　etc.

⇒ 大体は“結果中の結果”の問題

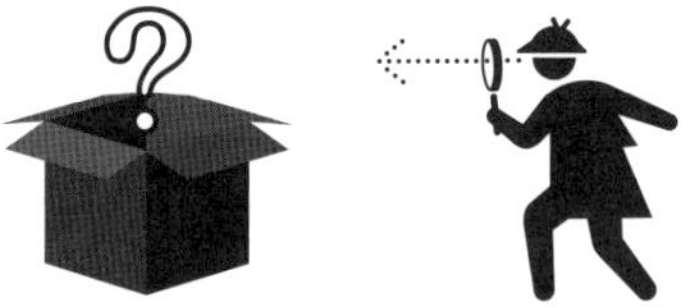

「何で」その問題が生じているかの
原因があるはず！

“原因中の原因”を見つけて
叩かなければ類似した問題が
発生し続けてしまう

「問題の見える化ツリー」で原因を見つける

業務改善には問題の共有が必須

チームの業務に問題があるとき、多くの場合、チームメンバーはそれぞれその問題に気づいています。なんなら、その問題を「もっとこうしたらいいのに」とまで考えていることも多々あります。

しかし、それが顕在化することはなかなかありません。

メンバーみんな、それぞれ考えてはいるけれど、共有するとしたらせいぜい飲み屋でグチってくだを巻く程度。チームとして共有して、改善するために考えようとはならないからです。

また、先にもお伝えしたとおり、メンバーは1人ひとり違います。そもそも問題だと感じるところも違いますし、同じ事を問題だと認識できていたとしても、「こうしたらいいのに」の部分には絶対に差が出ます。

私たち日本人のメリットでもありデメリットでもあると感じることがあります。

日本という国で育ったからこそ、同じような価値観（例えば阿吽の呼吸、和を以て貴しとなす等）を持っている人が多いだろうということで、安心感を持って仕事をしたり、生活をしたりができると思うのですが、その前提が根づいてしまっているが故に、共有し合意を図ることに時間をかけるべきという考えにならないのではないかと。

それぞれメンバーは、生まれ育ってきた環境も違えば、積んできた経験も違いますし、それらを踏まえると物事の捉え方すら当然違うことになりますよね。

「ＰＤＣＡが回らない」と言っているケースの大半は、そもそもこの共有が出来ていません。

上層部が「改善するぞ！」と計画を立ててみても、現場を見ない机上の空論。

携わるメンバーも、上辺では言うことを聞いていますが、内心は「また現場も見ずに場当たり的なことを言い出した」「問題はそこじゃないのに思いつきで面倒なことをやらせるなよ」などと冷笑的にしか捉えていないから、関わり方も当然消極的。

当然やってみたところで望むような結果は得られませんから、上層部はメンバーができていないと思い、メンバーは上層部に失望し……。

改善のためのPDCAなのに、これでは逆効果とすら言えます。

「我々の目的・目標を疎外する問題は、コレとコレで、その原因はココだよね」ということがバラバラでは、改善などどだい無理な話です。

頑張って改善しようとしていたけれど、じつはスタートに立ててすらいなかった、つまり、PDCAは回らないべくして回っていなかったのです。


しかし、そう考えると、リーダーは大変すぎるように思いませんか?

現場をしっかり確認しても、それだけでは改善のスタートには不足していて、問題の共有をし、原因を見つけなければいけない。それに、バラバラの意見を整えて、同じ方向を向かせる。それも、チームの日常業務を滞らせずに、です。

困難を通り越して不可能にすら思えるかもしれませんが、それを一息にこなすツールが、「問題の見える化ツリー」です。

「問題の見える化ツリー」とは

私がコンサルティングの依頼をいただく際の、ご依頼内容としては、「生産性向上」「業務改善」、「新規事業開発」、「中期経営計画策定」等々、さまざまな種類の依頼があるわけですが、どんな依頼であろうとも必ず最初に作成するのが、「問題の見える化ツリー」です。ＡＳＫを行うのと同時に、ＬＯＯＫで見つけた問題を整理することができる、まさにうってつけのツールが、この「問題の見える化ツリー」です。

これは、メンバーの感じている「問題」を洗い出し、整理して、それぞれの問題の関係性を明らかにし、「原因中の原因」に辿り着くことができるツールで、業種や業態に関わらず有用なものですので、是非使ってみていただきたいと思います。

ただ、ひとつ覚悟していただきたいこととして、１日半程度の時間はかかります。日頃、ご提案の段階でもこのことは必ず伝えていますし、時間をかけて「問題」の共有および「合意」形成を図ることによる、実行段階の効果が計り知れないこともお伝えしています。

コンサルタントに指摘されるだけではなく、社内のプロジェクトメンバーが自分たちの力で問題を整理することが大切なのです。

それでも、なかには「ウチのメンバーも通常業務をしながらのプロジェクトということで、そこに時間を割くのは難しいから、何とか短縮してできないだろうか？」といった相談もあったりするのですが、原則すべてお断りするようにしています。

以前は、コンサルティングフィーをいただけるのだから少し位構わないか、と半日で実施するようなケースもあったのですが、それで順調に進んだケースがほぼ皆無といってもいいほど無いからです。

何とかプロジェクトのひとつの節目となる「計画づくり」までは持っていけるものの、その後の「実行」段階の途中でほぼ頓挫してしまうようです。

「～ようです」というのは、コンサルタントとしては計画の完成で契約が終了していて、詳細は不明というのが本当のところです。

ただし、実態としては、頓挫しているならまだいいほうで、「実行」に移行していないパターンすら、なかにはあるのです。

よって、プロジェクトの成果を出したいのであれば、1日半程度の時間なのだから無理してでも確保してもらいますし、その確保がどうしても難しいということであれば、「どうせ成果は出ないからそもそも仕事をお受けしない」というスタンスを伝えることで、より本気度合いを高めるようにしてもらっています。

「問題の見える化ツリー」を作成するにあたっての参加メンバーは、大体1グループ6〜7名が（全員が闊達に議論する前提の場合）適正人数になりますので、それを超えるメンバーがいるときは複数のグループを作ってもらうようにするといいでしょう。

なるべく多くのメンバーに参加させたいという意向のある会社の場合、メンバーが30名を超えるようなケースも出てきます。その場合は、5グループぐらいに分けて行う、ということです。

では、「問題の見える化ツリー」の作り方について、詳しく説明していきますが、まずは全体像を見てみましょう。

全体的な概略図と、ある製造業の営業部で作った「問題の見える化ツリー」の一部が100ページのものです。

(1)目的を共有する

まずは、このセッションが何のために行うものなのか、つまり、何を目的に「問題の見える化シート」を作るのかを参加メンバーに伝えます。

端的に言えば、セッションを通じて「問題の見える化シート」を作ることで、業務改善のスタートを切りたい、ということですが、それをわかりやすく伝えなければなりません。

たとえば、「今のチームなら売上を1・5倍に上げるなんてことも決して不可能な話じゃないと思っている。でも、現状だと出来ていない。それは何でだと思う？　みんなが日頃考えている問題点を共有しよう」という形ですね。

しかし、それだけでは不足です。

先にお伝えしたとおり、業務を改善するということは、仕事のやり方・進め方を変えることに他なりません。

変化はストレスです。新しい仕事のやり方・進め方なんて、大半のメンバーが最初は望んでいません。しかし、メンバーの理解と協力がなくては、業務改善は立ちゆきません。

そのギャップを埋めるのです。

問題の見える化ツリー

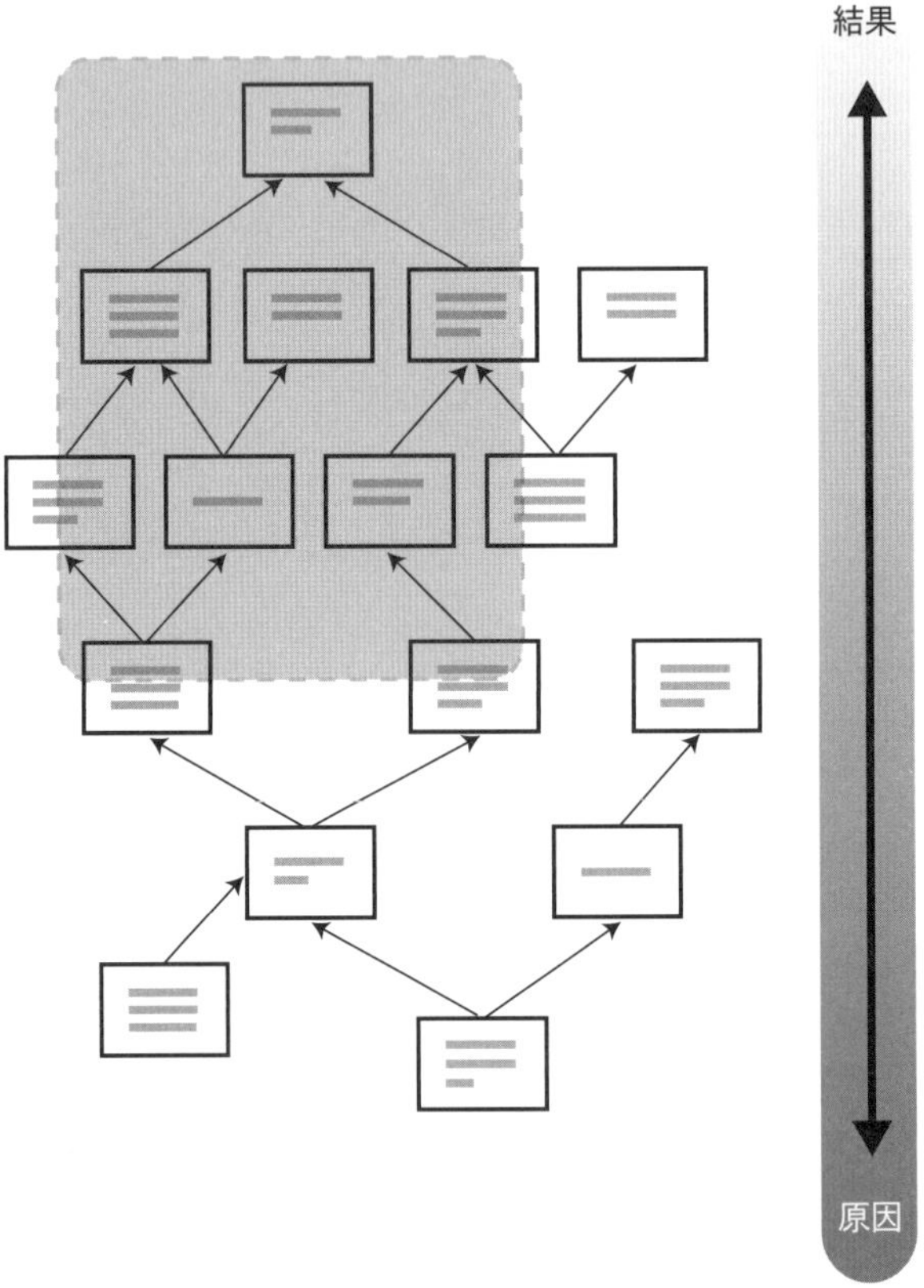

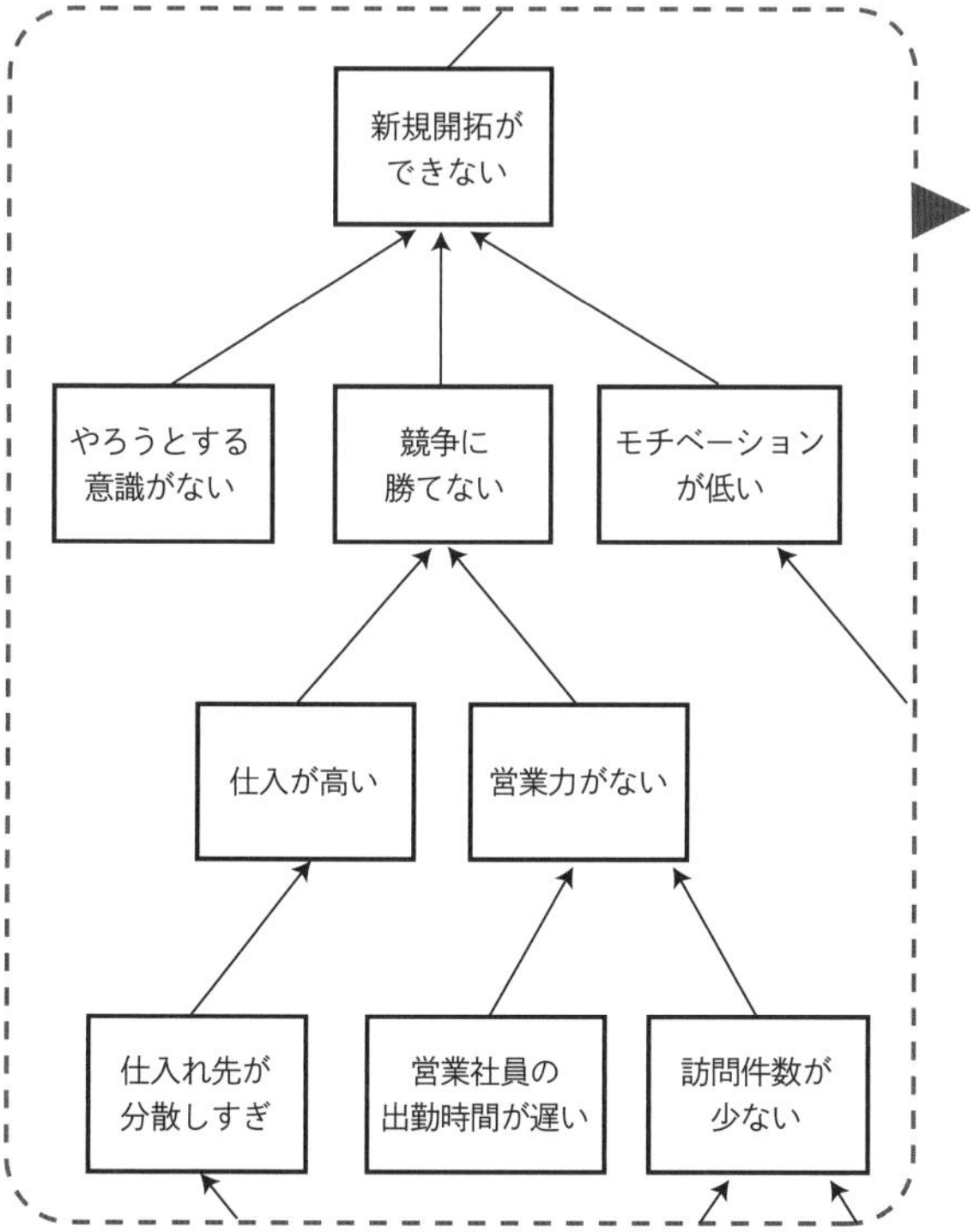
新規開拓が
できない
やろうとする
意識がない
競争に
勝てない
モチベーション
が低い
仕入が高い
営業力がない
仕入れ先が
分散しすぎ
営業社員の
出勤時間が遅い
訪問件数が
少ない

望んでいない、言ってしまえば面倒くさいと思っていることに協力してもらうためにまず必要なことはとても単純で、「メリットを伝える」ことです。

私の場合はこうです。

「皆さんからすると、自分は外部のコンサルタントに過ぎないので、自社のことを何もわかっていない人間が勝手なことを言っても聞く耳など持てないよという感じかも知れません。しかし皆さんと圧倒的に違うのは、かなりの数の会社の変化していくお手伝いをこのセッションを皮切りにやってきた経験値があるということです。すでにいくつかの現場を見させてもらいましたが、現場は皆まじめに頑張っているなと感じました。そういう意味で決して悪い状況ではないけれども、もっとラクに稼げるはずだとも思いました。このセッションは、今よりもラクに（つまり効率的かつ効果的に）稼ぐためには何を変えればいいのかを見つけるものだと思って積極的にお付き合い下さい」

そもそも、仮に今の業務が非効率で、問題点を多く抱えているとしても、それに従事しているメンバーは頑張っています。

リーダーがそこを認めている発言をすることなく、ただ「売上を上げるために業務改善が必須だ！」と言っても、「今でも頑張ってるのにもっと頑張らなきゃいけないのか」「今のやり方で十分だろ」と必ず反感を買うことになりますし、それでは絶対に結果はついてきません。

何のために、「問題の見える化ツリー」を作るのか、そして、それはどういう未来につながるのかをしっかり伝えるよう留意しましょう。

(2)問題を洗い出す

集めたメンバーには、「問題だと思っていること」を自由に述べてもらいます。

しかし、「では問題だと思っていることを発表してください」と言ったところで、誰も積極的に発言などするはずもありません。

空気を「読める」とか「読めない」といった表現が日常会話でも蔓延しているなかでは、「より賢そうなことを言おう」とか、「くだらないと思われそうなことを言いたくない」とか考えてしまって、発言を躊躇してしまう人が驚くほどたくさんいます。

また「問題」という言葉の定義も、人によってさまざまです。

目につく表層的な問題をどんどん上げようという姿勢の人もいれば、よりインパクトをもたらせるような「原因中の原因」に近いレベルのものを上げようという姿勢の人もいます。

そこで、いくつか工夫しましょう。

工夫の1つめは、「何でもいい」ということをはっきり伝えることです。

この「何でもいい」を理解してもらうために、あえて「問題」という言葉を使わずに、「好ましくない事象」という言葉に変えて、さらにはこれを英語（UnDesirebleEffect）に置換え頭文字をとって、UDE（ウーディ）を共通言語として議論を進めます。

「最近人が辞める」でも「営業成績が伸び悩んでいる」でも「会議が非効率だ」でもいいわけです。極端な話、「空気が暗い」だって立派なUDEです。

ファシリテーターとしてのリーダーは、そうした問題に対して、「うんうん、そうだよね」などと肯定して聞いてあげる。そうすることによって、発言しやすい空気が形成されていきます。

2つめは、「付箋に書いてもらう」ようにすることです。

実際に発言するのではなく、付箋にシンプルに書いてもらうことで、メンバー全員が均等に発言する機会を与えられます。

発言することへの心理的な障壁をスタート段階で和らげると同時に、その後のツリー作成のやりやすさにもつながるオススメの方法です。


そうしてメンバーの出すUDEを拾うわけですが、ここでリーダーがやるべきことがいくつかあります。

まず、LOOKを通じて確認したことがUDEとして挙げられているかを確認します。付箋に書いてもらう段階で「少なくとも1人10枚は挙げましょう」と伝えるので、大体のことは出てきているはずですが、もしも場に挙がっていなければ、「こんなこともUDEかなと思うんだけど、皆はどう思う?」などとメンバーに提示することも有効です。

次に、「できる限り具体的にしてもらう」ようにします。

よくあることなのですが、意図せずにあいまいな言葉を使ってしまっているケースをかなり見てきました。

例えば「ウチは営業が弱い」だとか、「ライバル企業に商品力で負けている」とか……。

私は基本的にコンサルタントとして客観的視点をもってセッションに参加させていただくので気がつくのですが、このような表現だと、「何が」「どう」弱いのか、「何が」「どう」負けているのかが、さっぱりわかりません。

ＵＤＥという言葉によって意識してもらいたいのは、「好ましくない事象」の〝事象〟の部分、言い換えると〝事実〟であるかという点です。

何でもいいから問題を挙げてといっても、「ウチが弱い」や「ウチは負けている」は〝事実〟ではありません。

何らかの〝事実〟に対して、それぞれの解釈を入れて発信しているわけですから、それは〝意見〟ということになります。

〝意見〟のような表現が出てきたら、その背景にある〝事実〟に書き直してもらうことが、改善を現実的にするために大切です。

「営業所の数が競合企業よりも少ない」、「営業マンの人数が競合企業よりも少ない」、あるいは「提案プロセスのなかでクロージングステップの成功確率が40％にとどまっている」のような具体的な表現であればベターですね。

こうしたＵＤＥがストレートに提示されることも当然あります。

ただ、出てこないことも多いですし、根本の問題に近づけば近づくほど出てきにくいものです。

そこを「見える化」できるかが、リーダーの腕にかかっていますし、効果的な改善ができるかを左右するポイントでもあります。

参加メンバーの人数にもよりますが、ここで大体50〜60程度の「UDE」を洗い出したら、次のステップに進みます。

(3)問題を関連づけて整理する

次に、出てきたUDEを整理するのですが、ここで大事なことをお伝えします。それは、「全てのUDEは必ず全部つながる」ということです。

どんな仕事でも、どんな職場でも、急（突発的）に変なことが生じるなどということはあり得ません。

UDEにはそれが生じた原因があるはずです。

人が辞めるのであれば、辞めるに至る理由が必ずあるのです。

付箋に書いてあるUDEは、一見バラバラに見えるようなものもあるでしょうが、全てが関連していて、「問題の見える化シート」上では全て結びつきます。UDEを出す段階でおわかりいただいたように、UDEにも、「原因」と「結果」があります。それを、線で結びつけるのです。

出てきたUDEの1つひとつに飛び抜けて難しいものはありません。整理できなかった、いえ、整理しなかったからわからなかっただけです。

わからないまま改善できるわけはありません。その場しのぎの対策では、生産性は決して上がりません。

出てきた個々のUDEを紐付けてツリー化していく工程では、「何でだろう？・」「どうして？」を問いかける、あるいは提示することで、「あるUDEの原因になっているUDE」を見つけたり、「あるUDEの結果として起きているUDE」を見つけたりしながら、UDEを因果関係で結び付けていきます。

例えば、「営業成績が伸び悩んでいる」というUDEが出てきたとしたら、「新規開拓ができていない」「既存顧客からの売上が停滞している」といった直接的な原因となるUDEを結び付けるのです。

「新規開拓ができていない」のは、「新規開拓に割く時間がない」からだったり、「新規開拓のノウハウが共有されていない」からだったりします。

あるいは、「若手のモチベーションが上がらない」だったら、その原因にあたるＵＤＥと、それによって生じるＵＤＥを結びつけるわけです。

また、場に出ている付箋のなかに適切なＵＤＥが見つからない場合は、新たに付箋に書いて貼り付けましょう。

これまでのツリー作成経験から言えるのは、議論が白熱していくにつれて新たに追加する付箋のほうが圧倒的に多くなっていくことです。

さて、ツリー全体を見渡したとき、上部にあるものが、より結果系のＵＤＥであり、下になるほど原因系のＵＤＥになっているわけですが、「原因中の原因」に近づいていくにつれてわかってくる、見える化のもうひとつのメリットがあります。

それは、ツリー全体の下部４分の１位になってくると、当初出していたＵＤＥはほとんど使われずに、新しいＵＤＥを追加せざるを得なくなることです。

つまり、現場に携わっているメンバーですらわかっていない、問題の原因となる問題があったことに気づけるのです。

「本当の原因がわかっていなかった」と残念がる必要はありません。

「原因中の原因」を明らかにする過程で、普段は言い合うことのできなかった議論を、メンバーでできたこと自体にも非常に大きなメリットがあります。

しかも、議論といっても、参加メンバーの誰かと誰かが意見を戦わせるという構図ではなく、全員「こういうことじゃないか」とツリー完成と戦っている、いわば〝問題対我々〟の構図なので、潜在的に「同じ問題に対する仲間だ」という考えを意識づけることにも役立ちます。

問題の見える化ツリーの作成を行うと、「いつもとは違う脳みそを使わされて相当疲れました」などとよく言われますが、実際のところ、最初はおずおずとですが、最終的にはみなさんかなり楽しんで取り組んでいるように感じます。

さて、すべてを関連づけられたら、これで見える化ツリーは完成です。

問題の見える化ツリーのメリット

・メンバーを自然に巻き込める
・具体的な“事実”が共有できる
・好ましくない事象（UDE）の相関がわかる
・“原因中の原因”が見えてくる

全ての問題の原因をチームで共有する
ことが効率的な改善を可能にする

中核問題をクリアしよう

「見える化ツリー」が明らかにする「中核問題」

「見える化ツリー」を通じて、バラバラだった問題を整理することができることをお伝えしました。

完成したツリーを見たとき、ツリーの最下部、問題群のなかでも「原因中の原因」となっている問題が、全ての問題の根っこ、「中核問題」です。

これを「制約条件」と言ったりもしますが、問題はいろいろあれど、その問題こそがボトルネックとなって業務に支障をきたしているとされるものが、中核問題です。

ここを解決しなければ、本質的な業務改善は決して成し得ません。

さらには、中核問題を解決することで、これまで解決の難しかった問題がスムーズに解決に向かっていく道筋さえも作ることができるわけです。

ある製造会社の例

製造メーカーの営業部長から、「各営業所の成績を上げるために、営業所長のマネジメント能力を高めたい」という相談を受けました。

マネジメントと言うのは簡単ですが、様々な要素があります。

まずは正しい現状の把握と、中核問題を明らかにするためにも、各営業所長に集まってもらって、見える化ツリーを作成しました。

なるほど、営業成績の伸び悩みはあり、それについては各営業所長も認識し苦慮しています。

しかし、「何で?」を繰り返してツリーが出来上がってくるに従って、いろいろなことが見えてきました。

「新規顧客を開拓できない」と「既存顧客の伸び悩み」という問題には、「営業のクオリティが低い」という原因があります。ちなみに「営業のクオリティ」は、各営業マンの活動品質（スケジューリング、効率的訪問活動、案件化数、成約数等々）を指しているものです。

「営業のクオリティが低い」のは、「教育精度の不備」や「業務が属人化していて、ノウハウの共有が為されていない」から。

これが中核問題なら、教育の不備を何とかすることが、営業成績の向上につなげるための一案ではあると踏んだ営業部長は正しいようにも思えますが、そうではありません。

「教育の不備」にも、「教育の時間がない」という原因があります。

部下を育成するために日々の教育を行う立場なのが各営業所長ですが、営業所長のほとんどが各営業所のトップセールスであるという現状もありました。

つまり、一般に言うところの、プレイングマネジャーです。

そうなると、営業所で最も多くの顧客を抱えている営業所長の日々の活動は、自分自身の営業活動を通じて、何とか営業所の目標数字を達成しようとするのでいっぱいいっぱい。

もちろん、タイミングが合えば部下に声をかけたりはするものの、基本的に部下のやり方に任せざるを得ないというのが現実でしょう。

日によっては、会話すらしない部下もいたりします。

しかし、営業所長はサボっているわけではありません。

営業所長たちは、自分の営業所に与えられた目標を達成するために、部下の負担を少しでも下げようと、一生懸命頑張っているのです。

部下が育たないのは問題ですが、そうした現状を踏まえても、営業所長のマネジメント能力の不足が原因だと言えるでしょうか？

中核問題は往々にして会社の方針自身にある

部下をしっかりと育成するためには、営業所長が部下を教育する時間を割かなければいけません。

「教育」と言うと、何かしっかりとテキストを準備しなければといった感覚をお持ちの方がいるかも知れませんが、そこまで大掛かりなことでもなく、日々のアドバイスや相談といったことも十分教育の範疇に入るものです。

しかし、先述のとおり、営業所長の日頃の活動は、自らの営業活動を一生懸命頑張ることに注力せざるを得ない状況になっています。

ここからさらに時間を作ろうとすると、残業を増やすか、いま持っている仕事にかける時間を減らすしかありません。

残業を増やして部下を教育する時間を作ろう、というのはナンセンスです。

営業活動の大部分は顧客があってのことですから、当然通常の営業時間内に行います。それは、自分だけでなく部下も同様で、営業時間内はいっぱいいっぱいですから、部下にも残業を強いることになってしまいます。

となると、いま持っている仕事を減らすしかない、となりますが、みなさんおわかりのとおり、これも簡単な話ではありません。

営業所の成績を支えているトップセールスでもある自分自身の仕事を減らすことは、当然、営業所全体の成績低下につながりそうです。

さらに、日本企業（とりわけ営業の現場）に未だによく見られる、評価において個人の営業成績を比較的高い比重で評価するという風土も邪魔をします。

一見、八方ふさがりに見えますが、既にヒントは出ています。

営業所長がプレイングマネジャーとして仕事をすることを通例としている、つまり営業所長に営業所としての成果以外に、個人の営業成績も求めている、会社の仕組みそのものが問題なのです。

中核問題は見えにくい

[!] 営業成績を上げるために
営業所長のマネジメント能力を高めたい

ツリーで見ていくと

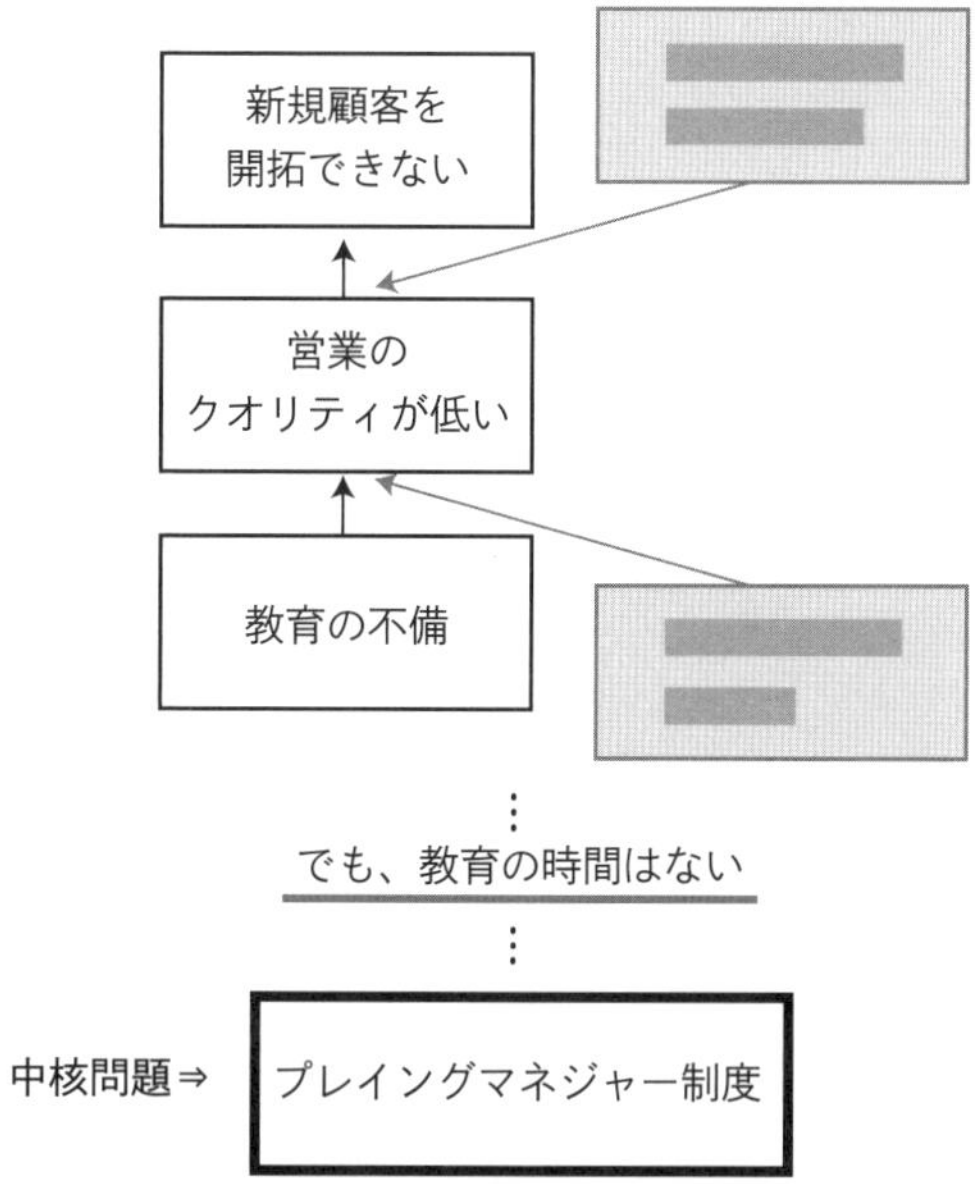

会社の仕組みをあらためなければ
いつまでも根本的な改善はできない

中核問題へのアプローチが生産性を上げる！

リーダーはマネジメントに注力すべき

さて、モデルケースとして、営業マン10人程度の規模の営業所で、

・営業所長はマネジメント業務に特化する
・よって営業所長の既存顧客は他の営業マンに割り振る

ことで動き出しました。具体的にどうしたかを見ていきましょう。

世間では「二八の法則」などと言われるように、10人くらいのメンバーの中には、2～3人は「こいつはちょっとほっといても大丈夫だな」という優秀なメンバーが居ます。
標準的なコミュニケーションを怠ったりと、過度に放置するようなことは論外ですが、

基本的な営業活動に関しては安心して任せられます。

次に中間層の可も無く不可も無くの層。

このレベルの営業マンについては、始業時（訪問活動前）と終業時（訪問活動後）にしっかりと会話する時間をとって、営業方針を確認したり、結果のフィードバックをしてもらいます。

そして、いまいち成績の振るわない3～4人。このレベルのメンバーには、日替わりで営業所長が一日営業同行してサポートするなど、徹底的に時間を使います。

たかだかこの程度と思われるかも知れませんが、3ヶ月もすれば営業成績は上がります。

これまでは営業マン個人任せの、ほぼ放置しているような状況で、教育と言えるような教育をしてこなかったので当たり前のことです。

この結果を受けて、他の営業所でも同様の仕組みを取り入れてみようということになりました。

そうしたところ、この施策を展開する前の5～6年間は毎年全体で70億前後の売上で頭打ち状態だったものが、施策展開後5年目になる今年は90億まで上がったそうです。

決して成長市場とは言えないマーケットでも、です。

「営業成績が伸び悩んでいる」のは「営業所長がプレイングマネジャーをやっているから」であることは、うーんうーんと机の前で必死に考えるだけでは絶対に見えてきません。会社としてはずっと続けてきたやり方であり、もはや方針として根付いてしまっていることですから、それがクリティカルな問題だとパッと見抜ける人はまずいないからです。

営業成績を伸ばす作戦を立てようと、顔を付き合わせて1時間くらい本気で話しても、出てくるのは「社員教育を充実化しないと」などが関の山です。

それで、教育を外部に頼んでみようか、といったタイミングで私に相談が来たりするわけですが、「それじゃあ変わりませんよ」とお伝えすることになります。

お声掛けいただくのはありがたいことですが、その時点では表面的な問題をどうにかしたいというご相談であることがほとんどです。

表面的な問題の改善も効果が無いわけではないのですが、本質的な改善につなげられるよう、問題の根っこの部分、つまり、中核問題を発見することがもっとも重要なんだということを理解してもらうようにしています。

「ASK」ステップにおける「問いかけて背景を理解する」には、この「見える化ツリー」はまさにぴったりのツールだと言えるでしょう。

第3章

「MODEL」

理解した点を
シンプルにモデル化する

問題がなかなか解決しないのは何で？

とにかく具体的に実行可能にする

「確かに、問題はここにあるんだよなぁ」

LOOK・ASKのステップを丹念に辿っていくことで、多くのメンバーの合意を獲得していることに間違いはないでしょう。

問題を解決するための必要不可欠な要件として「問題に対する合意形成」がありますから、その目的は十分果たしつつあります。

とは言いながらも、皆さんが今まで取り組んできた問題解決を思い出してみて下さい。

誰もが「それは問題だよね」と思っていることがある、これをスタートだと考えたときに、「よし、これで解決しましたよね」と認識できるゴールまで到達できた経験をどれ位お持ちでしょうか？

実は驚くほど少ないのではないか、というのが私の認識です。

日々の業務で発生しているようなレベル感の問題であれば、それぞれの役割や責任の範囲内でもちろん問題を解決していると思うのですが、全社的あるいは複数の部門が関連するような問題の場合はどうでしょうか？

外資系の自動車メーカーに勤めていたとき、たしか20代後半の頃だったでしょうか。「日本国内におけるブランドポジションを再構築すべき」ということで、かなり大掛かりなプロジェクトが立ち上がることになり、人材開発部門からは私がアサインされました。あらゆる部門からメンバーが選ばれていたので、総勢30名位の規模だったと思います。日頃、日本に駐在していないアジア太平洋統括のブランドマネジャーがリーダーだったのですが、1週間でアクションプランを出すつもりだということで、軽井沢のリゾートホテルに泊まりこんで合宿形式で議論することになりました。

ほぼメンバー全員、ブランドに関しては同じような問題認識を持っていましたし、1週間缶詰で議論したので、相応のアウトプットが出たような気がしていたのですが、その後何らかのアクションがとられたとは記憶していません。

軽井沢から東京に戻り次第、人材開発部門の通常業務に忙殺されてしまっていたので、そういった印象になってしまったのかも知れませんが、では、マーケティングや販売企画といった部門で新たな取り組みが始まったのかというと、結局そういった話は一度も耳にしませんでした。

当時、同期のメンバーで話したのは、ここまで大掛かりなプロジェクトになると、本気で成果を上げようと思ったら相当なコストをかける必要があるし、とはいえコストをかけたから結果を出せるかというとそれも相当難しいから、「この球を持ちたがる人が恐らく出てこなかったのだろう」ということになりましたが、大筋でそうは間違っていないような気がします。

コンサルタントになり、あるフランチャイズチェーン本部の仕事をさせていただいたときのことですが、私へのご相談は「フランチャイジーである加盟店の営業利益率改善プロジェクトのサポートをしてもらいたい」ということでした。

驚いたのが、プロジェクトのキックオフミーティングに参加した際、メンバー20名のうちの約半数が他のプロジェクトと兼任だということです。

詳しく状況を聞いてみると、社内でも優秀なメンバーは限られてくるので、兼任もどうかと思いながらもやむを得ないことだという話でした。

よって、10名位の方は他のプロジェクト（例えば「女性顧客の満足度向上プロジェクト」だったり、「新サービス開発プロジェクト」だったり）にもアサインされているわけですが、さらに驚かされたのが、「ウチの会社では例年多いときは7～8、少ない時でも3～4はプロジェクトを必ず立ち上げているんですが、自分たちの記憶する限り、きちんと完了したプロジェクトはありません。途中で雲散霧消してしまうんです」という話を聞かされたときです。

企業ごとに風土はさまざまなので一概には言えませんが、企業規模（組織）が大きくなるに従って、役割分担が求められ、部門の数が増えていきます。

部門内だけで完結できるようなプロジェクトであれば問題にならないのでしょうが、複数部門を巻き込まなければならないプロジェクトになると、プロジェクトメンバーをまとめていくだけでも大変ですが、何かしらの結論を出した後の〝実行〟に落とし込むのはもっと大変です。

優秀なメンバーであるほど、出世競争といったところも頭にはあるでしょう。

難しい課題にチャレンジしたい気持ちがある反面、決して失敗はしたくないという気持ちも当然出てきますから、成功するか失敗するか五分五分のようなプロジェクトに、最後まで前のめりで関わっていくのはリスクだと考えてしまうのも致し方ないかも知れません。

そう考えると、プロジェクトの体制づくりは非常に重要な視点になります。

複数の部門を巻き込むことも苦にならない、そして出世競争のようなシガラミも無い人がプロジェクトリーダーになればいいわけで、社長が直轄するようなプロジェクトが立ち上がる際にはそういった意図が必ず背景にはあると思います。

また、私がお付き合いをしている売上高数千億円規模の飲料メーカーでは、全社的規模のプロジェクトの総責任者には副社長クラスの方を置いてはいるのですが、実際にプロジェクトを動かすリーダーには優秀だと目されている部課長クラスの方が任命されます。

他社と明確に違うのは、そのプロジェクトを推進し、最終成果まで出し切ったリーダーは、その後まもなくスピード出世を果たしていることです。

このような話を部課長クラスの方にお伝えすると、「確かにそのとおりでウチもそうすべきだと思いますけど、我々にはどうしようもないですね」のような話になってしまいますし、仮に経営陣に伝えた場合でも、人事面のことが絡んでくると、すぐに取り組んでみようとはならないところが難しい点ではありますし、どちらかというとそちらに入ってしまう企業の方が圧倒的に多いのが現実でしょう。

そんなときに、ぜひ取り入れてもらいたいステップが、このMODELになります。

納得は具体性によって得られる

「〝理解〟して〝納得〟すれば人は動く」ということがよく言われていますし、確かにそうだよなと思われている方は多いように思います。

〝理解〟というのは「確かに！」と思わせることであり、大切なのは理屈になります。ビジネスにおいてロジカルが重要だとされるのは、この「確かに！」を得られない限り先に進めないからです。

〝納得〟というのは「いける！」と思わせることであり、そう思わせるためには実現の可能性を感じさせなければなりません。つまり〝具体的〟だということです。

皆さん、今一度思い返してみて下さい。

問題は明らかで、解決したいけれどなかなか実行に移せない。そうした悩みがあった、あるいは今も抱えていたりしないでしょうか？

普段の仕事もあるし、どこから手をつけていいかわからない。
自分だけのことなら改善できるが、他人を巻き込んだり、チーム全体となると難しい。
自分が意図して伝えたことと違うことをメンバーがやってしまっている。

こうしたことが起きる要因は、改善策が具体性に欠けることにあります。あやふやな改善策では伝わりませんし、人の捉え方によって解釈が変わってくるようでは、意図した結果は得られません。

そんなときに有効になってくるのが、プロトタイプやスケッチ、写真、図表、文章、各種フォーマット等、「シンプルに〝MODEL化〟」することです。

具体的なプロトタイプは個々人の解釈・捉え方の差を抑制します。

さらに、具体的にどうするかが見える化できることで、実行の際にもスピーディーに動き出せるようになります。

ビジネスにおいて「速度」がより大きな価値を持つようになっている現代だからこそ、業務改善でもスムーズに実行できることが非常に大切になってくるのです。

先に挙げたフランチャイズチェーンP社の話に戻りましょう。

多くのプロジェクトが雲散霧消してしまうという話を聞いて、もともとLOOK・ASKの重要性は認識していて、「見える化シート」の作成を含めスケジュールに落とし込んでいましたが、より留意しながら進めなければと考えたのが実行に落とし込む際のMODEL化です。

当時、P社では、営業利益ベースで赤字に陥ってしまっている店舗が全体の40%ほどになってきていました。

本来、大問題になるテーマでしたが、加盟店の多くはメガフランチャイジーといって、各地域で複数のフランチャイズ事業を展開しており、P社事業の店舗が少々赤字を出していたとしても、他事業が利益を出していれば大した問題では無いというスタンスで、ある意味助けられてはいました。しかし、もはや本部としては看過できないレベルです。

最終的に原因として突き止めたのは、成長期に培われていた「地域で一番の売上を上げる店舗を目指そう!」という基本スタンスにありました。

「地域で一番を目指す」ことのどこに問題があるの? と思われるかも知れません。

P社が、加盟店を全国展開で増やそうという成長期であれば、各エリアの競合店は他社ということになりますが、全国にほぼ行き渡ったあとに起きるのが自社競合、つまり、5キロ先に同じ看板を掲げた店舗ができるという状態です。

この状態で、それぞれの店舗が売上至上主義で競争すると、売上の伸びよりもコストのほうが嵩んでしまい利益が上がりづらくなるわけです。

よって、安定期に入ったフランチャイズチェーンの店舗では、店舗規模に応じた売上利益のコントロールを店長ができるようにしなければなりません。

赤字に陥っている店舗の傾向を調べてみたところ、黒字店舗平均と比較すると、粗利率で約3％低くなっており、店舗の人件費率が約3％高くなっていました。

つまり、粗利率改善および人件費率改善を店長に実行してもらわなければなりません。

多くのフランチャイズチェーンと同様、P社においても加盟店と直接コミュニケーションをとる部門はスーパーバイザーの所属する運営部門でした。

特に黒字化にインパクトをもたらす粗利率改善に関しては、大きく7つに分類できる商品群の売上構成比を黒字店舗平均レベルにしなければなりません。

黒字店舗も赤字店舗も商品群別の粗利率は変わらないのですが、赤字店舗の特徴として、利益率の高くない商品群や商品の構成比が高くなってしまっていたからです。

赤字店舗の店長に現状を認識してもらい、改善策を作ってもらい、実行してもらうには、P社のスーパーバイザーがそれを提案して合意を得る必要があります。

プロジェクトの最終ゴールでは、スーパーバイザーが行う提案をほぼ自動で作成してくれるプログラムをシステム化してしまいました。

赤字店舗の過去1年間の売上粗利コストデータを入力すると、7つの商品群のうち、改善しなければならない上位3つが上がってくるとともに、その上位3つの改善の方向性までもが自動で出てきて、あとはその細かい方策を考えるだけでいいというものです。

ここまでMODEL化できてしまえば、作業的に難しいことなど何もないので、あとはやってもらうだけだからプログラムを配布しよう、という意見もあったのですが、加盟店経営陣の「少々の赤字ならば……」というスタンスを考えると、P社本部側からのより強い働きかけが必要だということになりました。

運営本部のスーパーバイザーが、店長の作業を肩代わりできるレベルに落とし込めればということで、北は北海道から南は福岡まで、各エリアの運営部がある拠点を回ってスーパーバイザーに対する説明会も実施し、そこで出てきた意見（細かい方策事例を各エリア会議で共有する）も取り入れて、実行計画にGOが出ました。

その後、このプロジェクトの実行計画はすぐに全国展開され、2年後の決算時、全加盟店に占める赤字店舗の割合は20%を切るところ（つまり半減）まで成果が上がったのです。

具体的な「MODEL」を作る

・計画を立てたいけど、なかなか実行できない

・メンバーが意図と違うことをやってしまう

解釈に差がないような、
具体的な「どうするか」の見える化が、
スピーディーな業務改善を実現させる

「既存7掛け」にするためにもモデルは必要

今までやっていたことの効率化も必須

さて、ここでもう一度思い出しましょう。

全ての業務改善は、生産性を上げるためにあると言っても過言ではありません。生産性が上がらなければ、今よりもラクに儲けることなど不可能なのです。

そして、生産性を上げるというのは、今までの仕事のやり方・進め方から、新しい仕事のやり方・進め方に変えるということが大前提になります。

非常に重要なポイントなので繰り返しお伝えしますが、真の意味で生産性を上げようとすると、今やっていることを7割程度の労力でできるようにし、新たにできた3割の余力で、新たな仕事をするといった形を目指さなければなりません。

これは「理屈上、確かにそのとおり」のことではありますが、だからといって、理屈上、間違っていないのだから、仕事のやり方・進め方を変えなさい、などと指示を出しても、おそらく全く進まないでしょう。

例えば、法人対象の、いわゆるB2Bビジネスにおいて、今現在1億円の売上がある顧客がいるとします。

その顧客企業のキャパシティを想定した場合に、売上が1億円以上になる可能性は少ない（つまりインストアシェアはかなり高い状況）のですが、伸びしろが無いからと手を抜いた結果、売上が落ちるなんてことがあってはならないですよね。

このようなリスクを、現場が率先してとることなどまずありません。

「何をやるのかは定まっていないけど、既存業務は7割程度の労力にとどめましょう」では何も進まないのです。

しかし、新たに取り組む仕事に3割程度の労力をかける必要があり、ここには絶対に工数をかけなければならないから、既存業務を今までのイメージでやっていると、残業だらけのブラック企業になってしまうから、既存業務を7掛け位でこなせるように効率化することが必要不可欠、となると変わらざるを得なくなります。

よって、B2Bの法人営業の場合、まず新規開拓に3割時間を使うことが優先だという方針を、リーダーが明確にメンバーに示すことが大事です。

新規開拓に3割時間を使うことが必須であるとすると、当然、既存業務に先んじてスケジュール化されます。

そうなると、既存顧客に費やすことのできる時間が必然的に7掛けになりますので、その範疇で仕事を回すように、工夫しなければなりません。

例えば、先ほどの伸びしろがない顧客に対して、1週間に1回訪問していたとすると、それを2週間に1回にするだけで工数は半減します。

ただし、それで顧客満足度が落ちる、顧客との関係性が希薄になる、といったようなことになると売上減少につながってしまいますから、そうはならないように、電話やメール等を効果的に活用して、いかにかける労力を減らすのかが腕の見せ所になります。

個々の営業マンがそれぞれでやってもいい話ではありますが、やはり顧客の捉え方などが経験によっても異なってきますので、取引先をいくつかの属性に分類した上で、分類ごとの対応方法を示しておくようなMODEL化は労力減、つまり省エネで仕事を回すことの役に立つのです。

放置される属人化

ある住宅設備メーカーB社のリフォーム部門より、生産性向上のコンサルティングを頼まれた際の話です。

全国に数百名いる営業担当の生産性（1人当たり売上高）を少なくとも30％位は上げていきたいという要望があり、プロジェクトはスタートしました。

LOOK・ASKの段階を経てわかってきたことは、「B社の直接の取引先である地域のリフォーム会社が自社の製品を薦めてくれていない」という実態であり、これが現時点で生産性向上の大きな障壁となっているということでした。

強力なライバル企業がいるものの、B社もライバルに負けないレベルのクオリティを維持しながらも尚且つ特長のある商品を用意できているという自負があります。

しかし、現場では薦めてもらえていないのです。

なぜ、薦めてくれないのかを調べていくと、「当然認知されているべきB社商品の特長が伝わっていない」ことがわかり、なぜB社商品の特長が伝わっていないのかというと、リフォーム会社に対するB社の営業活動は基本的にそれぞれの営業マン任せになってしまっていて、活動品質に大きなバラつきがあることがわかりました。

つまり「属人化」しているわけです。

さらに、「何で？」と問題を深掘りしていくと、そもそもリーダー・マネジャーである営業所長クラスに、営業マンの活動内容に関してマネジメントしようという意識が極めて希薄であったこともわかりました。

これは、特に営業部門にありがちな話なのですが、リーダー・マネジャーになる方は当然営業として個人の実績を上げてきた方ばかりです。

多くが、「自分で考える、自分で動く」を実践してきた方で、どちらかと言うと、上司からの指示などは必要ない位のスタンスで結果を出してきました。

よって、自分自身が上司のポジションになっても、「あまり口出ししないほうがいい」と思っているような方が少なくないようです。

リーダー・マネジャーがこのようなスタンスだと、結果として「売れる営業マンは売れるけれども、売れない営業マンは売れない、という状態がそのまま放置されていることになってしまいます。

これでは、生産性という観点でチームを見たときに、営業マンごとに大きなバラつきが出てしまうのも当然です。

これからのリーダーはマネジメントをしなければならない

先にも言いましたが、リーダー・マネジャーの役割は、組織としての成果を上げることで、それには生産性の向上が不可欠です。

そして、生産性の向上のために、チームとしての業務改善・マネジメントをすることがリーダーに最も求められることです。

しかし、残念なことに、日本において、大半のリーダーはリーダー未満の働きしかしていません。

一概にリーダーに全ての責任があると言うつもりはありませんし、既存の業務で手一杯だったり、そもそも問題が正しく認識できていなかったり、チームの部下に働きかけることが難しかったりと、いろいろな要因があって現状維持で精一杯頑張っていらっしゃるのもわかります。

自分は一生懸命やっている、と思うでしょうし、それはそのとおりだと思います。

しかし、平成も終わろうという現在、ビジネスの現場における価値観は大きく変わりつつあります。

生産性向上も、かなり受け入れられやすくなってきたテーマではないでしょうか。

ひとつに、近年叫ばれる「働き方改革」。

もうひとつに、「今までのやり方じゃ儲からないぞ」と気づきはじめたことがあります。

何にせよ、日本のビジネスは大半が日本人を対象としていて、その日本人は減っていきます。顧客も、顧客にサービスを提供する側も、減る未来が確実に来るのが見えているのです。

これからのリーダーの評価を左右するのは、生産性の向上にいち早く対応できるかにかかっています。

マニュアルで標準化を図る

さて、B社の例に戻りましょう。

営業マンの活動品質を上げようということで、私に依頼のあった生産性向上プロジェクトと並行して、営業マニュアルが別のプロジェクトで作られていました。

住宅設備メーカーとして、製品に関しては競合企業と比較しても遜色のないレベルで揃っているし、その供給体制にも大きな問題は抱えていない、となると、残るは営業マンの提案スキルを上げるしかないということです。

そういった流れもあり、生産性向上プロジェクトとしては、「営業マニュアルを完成させてそれを営業所長のマネジメントに活用させること」をひとまずのゴールとすることに決定しました。

まずは営業マニュアルを完成させなければなりません。

「しっかりと商品のよさを提案しよう」、「B社の営業スタイルは提案営業だ」ということで、主に提案のやり方がマニュアルに記載されているのですが、そもそも提案営業の定義が曖昧で使いものになりません。

提案営業というのは、「提案先が困っていること（問題）を把握して、それを解決するためにB社の商品を活用するといいですよ」という流れをトレースできていなければ成り立ちません。

単に、商品の特長を説明しているだけのことを提案とは言わないのです。

自社、あるいは自分自身の状況を全く把握していない営業担当からの一方的な商品説明に辟易としてしまった経験は、誰もがしていると思います。

自分自身がされると快く思わないから他人にもしないかというと、どちらかというと一生懸命商品説明してしまう人のほうがどうも多いようです。

その瞬間は一生懸命なので、相手の反応に気づきづらくなるのかも知れません。

さて、提案営業には何が必要なのでしょうか。

相手が何に困っているかがわからなければ、効果的な提案など一切できないわけですから、それを聞き出す必要がありますが、そもそも相手との信頼関係が構築できていなければ、問題など話してくれるはずもありません。

見ず知らずのような関係の人に「何かお困りですか？」と聞かれて、答える人などいないということです。

〝自分の抱えている問題を解決してくれそうだから問題を教える〟というメカニズムなのだと考えると、提案営業というのは、提案する側とされる側、お互いがお互いのことをわかっている状況を作り出すことこそがスタートとなるのです。

そう考えると、提案営業に入る前の重要な作業がもうひとつあることに気づきます。

それが「ターゲティング」、つまり、どの営業先に時間をかけるのかということです。

営業活動を通じて、売上をいま以上に上げようと考えた時、重要になると思われるのは、高い購買力があるにも関わらず、現時点におけるB社製品の採用が少ないか、あるいは無い、企業へのアプローチです。

当然、そこに食い込んでいきたいわけですが、コレがまた上手くいきません。

関係性の構築すらできていない相手に徒手空拳で挑んだところで結果は出ませんし、結果が出ないことをやらされる営業マンはただただ疲弊してしまいます。

営業マニュアルには、「活動量が重要だから時間を作ること」とか「商品の特長をわかりやすく伝えること」などがありますが、信頼関係を構築するための武器は何も与えられていないのです。

そこで、まず大事になると思われる、関係性構築のためのMODELを作りました。

全部で8のステップからなるもので、次ページに一部抜粋しましたが、信頼関係の構築においては、ステップ1からステップ3が特に重要になります。

もちろん、最終的な目的・ゴールは「B社は誰が来てもしっかりやってくれるな」という信頼の獲得ですが、そこに行き着くにあたってのスタートは、今まで知らなかったけど「最近よく見るな」と認知されることです。そこから全てが始まるわけです。

「最近よく見るな」→「好感が持てるな」→「ちょっと話でも聞いてあげるか」

こうなってはじめて、商品の提案ができるようになります。

つまり、提案には最低限友好な関係性を築いておくことが不可欠なわけです。

顧客関係構築のためのMODEL

STEP	STEP1	STEP2	STEP3
心理状態	よく見るなあ	好感が持てるなあ	話しかけてみようかな
アクション	(見た目) ・礼儀正しい ・挨拶を丁寧にしっかり行う ・清潔感がある ・身だしなみに気をつける ・ハキハキ言葉を話す ・元気が良い ・笑顔 (訪問頻度) ・決まった時間に訪問する (認知されるための行動) ・名刺交換をする ・不在の人の席に名刺を置く ・声をかける ・元気良く挨拶する ・カタログを補充する ・告知チラシを持っていく	(見た目) ・礼儀正しい ・挨拶を丁寧にしっかり行う ・清潔感がある ・身だしなみに気をつける ・ハキハキ言葉を話す ・元気が良い ・笑顔 (キーマン把握) ・キーマンがいる時間を把握している ・キーマンがいる時間に訪問する (受け答え) ・相手の話をよく聞く ・気づかいができる ・リフォーム店のエリアの市場・競合を知っている ・お客様のHPやブログを見て特徴を良く知っている	(話しかけてもらうための相手の姿勢づくり) ・自分から積極的に話しかける ・周囲に視線を送る ・カタログ棚の整理を買って出る ・話をできる人を一人つくる (情報提供) ・ポスターを貼る ・販促アイテムを持っていく ・カタログの中身を説明する ・質問されやすい話題をふる（CM等）

細かく、具体化することで
行動品質が上がる

しかし、営業マンの多くはそれをわかっていないし、教えられてもいません。関係性が無いまま一生懸命提案したところで、ろくに聞いてもらえないので、そのこと自体に苦しみますし、けんもほろろに追い返されると心も折れてしまいます。

このMODELで工夫したところは、各ステップの定義を「相手の心理状態」、つまり、相手の気持ちと置いて、その心理状態を獲得するためには、どんな行動をとるべきかということを必要なアクション項目としてリストアップしているところです。

中には、ビジネスの基本だと思えるようなアクション項目ももちろんあります。例えば、「笑顔をつくる」だとか「ハキハキ話す」あるいは「身だしなみ」といったアクションは、基本中の基本ですからどんな企業でも教えている項目だと思います。

しかしながら、単なる基本としてだけではなく、このMODELのステップをクリアしていくために、しっかりと徹底しなければならない、徹底することでゴールに近づいていくことを共通の理解としていくことで、ひとつひとつの行動品質が驚くほど向上するという副次的効果もありました。

営業マンのＭＯＤＥＬにひと工夫する

営業マンに携帯を持たせない

ＭＯＤＥＬを構築し、そのとおりにメンバーが行動できるように徹底する最中、営業マンの時間がどうしても足りなくなるという状況が散見されました。

営業所長と営業マンがミーティングを持ち、「これなら大丈夫」だと余裕をもってスケジューリングをしているにも関わらず、すべてをこなそうとするとどうしても時間が足りなくなってしまう営業マンが多かったのです。

しっかりスケジューリングしたところで、日々の業務のなかには突発的業務がどうしても出てくるという意見はそもそも出てはいたのですが、それにしてもというレベルだったので、見える化してみました。

突発事項には、他部門あるいは上司からの突発的な依頼等もあるのですが、もっとも時間をとられているのが、既存顧客からの電話連絡でした。

営業マンは、いまや名刺にも携帯電話番号を載せていますから、ちょっとした用事でも直接電話がくるわけです。

大した用事でなくとも、営業マンにとっては大事な顧客。外出中であろうと何かの作業をしている途中であっても、たいていの場合は、「急ぎで頼むよ！」などと気軽に言われますので、急いで取りかかる羽目になってしまいます。

本来、しっかりと生産性を向上しようということであれば、携帯電話番号を教える顧客、教えない顧客といったセグメンテーションをしたほうがいいのかも知れませんが、いったんは会社としての方針ということで携帯電話を禁止、外部からの問い合わせに関しては内勤に一本化することになりました。

顧客からの急な電話対応による効率のロスも、そもそも携帯電話を支給しなければ起こらない、というわけです。

気をつけなくてはいけないのは、

・方針の変化が顧客に与える影響をカバーできるようにしておく

・ある程度でも標準化が為されていないと困難であることです。

まず前者についてですが、どんな形であれ、いままでのやり方を変えるというのは、自社だけでなく、当然取引先担当者にとってもストレスです。

相手にストレスがあるだろうとわかっていながら変えるわけですから、そのケアを最大限にできるようにしておかなくては、大事な顧客を失うことにさえつながりかねません。

営業マン個人に連絡するのと遜色ない、あるいはそれ以上の速さとクオリティを兼ね備えた対応ができるようにしておくべきです。

基本的には、内勤スタッフも担当制として、当初は担当顧客に対して少しばかり高い頻度でメール連絡をしました。

取引先からの連絡も基本的にはメールでいただけるようにするための工夫です。

そして、後者についてはちょっと考えてみれば当たり前のことです。

それぞれ担当している営業マンの業務内容やその進め方が一定のものでないと前者で述

べたクオリティの担保が困難だからです。

営業マンによってやり方が違ったり、進捗の共有が為されていなかったりしていては、満足なサポートは不可能です。

余談ですが、イケていない営業マンほど、電話にかける時間が長いというケースが多いと感じます。

どんな企業にも当てはまるようなので、恐らく皆さんの会社の社内でも思い浮かぶ方がいらっしゃるのではないでしょうか？

そうした人の多くは、電話をしているだけで仕事をしている気になっていて、電話を喜んでさえいるのですが、どちらかというと非効率であるほうが圧倒的に多いようです。

誰と、どんな要件で、どの程度の時間がかかっているのか、見える化するだけでも結構な反省材料になるかも知れません。

第4章

「DISCUSS」

具体的なポイントを議論して深める

言葉にこだわる癖をつける

言葉の意味がわかっているだけでは不足

日本で生まれ育った多くの日本人は、当たり前のように、生まれたときからほぼ日本語で会話をしてきていますので、日本語の意味がわからないということは基本的にありません。

例えば、「ＰＤＣＡ」を日本語で説明すると、「計画を立てて実行する。実行したことを振り返ってうまくいってないところを改善する」となり、ＰＤＣＡを知らなかったとしても、「なるほど、そういうことね」と理解できるわけです。

意味がわかるだけで、言葉としての本来の役割は果たしているわけですが、〝実行〟に落とし込む、あるいは複数のメンバーと〝共有〟するといったタイミングにおいては、単に意味がわかっているだけでは不十分です。

「ＰＤＣＡがうまく回らないんだ」とご相談をいただいてきたリーダークラスの皆さんが、

まるで口裏を合わせているかのように「計画、実行はできているけれど、評価、改善ができていない気がする」と言っていたのは、そもそも会社としてPDCAマネジメントを推進するよりも前から、普通に計画と実行はやってきているもので、そこに問題があるわけがない、と思ってしまっているからです。

問題などないと思っているリーダーがどんな計画を作っていたのか、多くのかたに共通していたことが次のようなことになります。

目標と計画の混同

営業や販売部門のリーダーになると、計画に売上・利益の要素がかなり入ってくることに関しては十分理解できます。

しかしながら、「これが我々の計画です」と見せていただく計画が、単に数値ばかりを並べたものになってしまっていると、かなりイメージが違うと言わざるを得ません。

まず、年間の売上目標があり、それが月別の売上目標に分解されています。

さらに、その月別の売上は、商品やサービス別売上に、あるいは取引先別売上、エリア別売上と、その会社の業態によって若干の違いはあるものの、やはり分解されています。

これくらい分解されると、そこそこのボリュームにはなるわけですが、それをもって「計画」だと主張されるわけです。

私から見ると、「目標」をどれだけ分解したところでそれはあくまでも「目標」であって「計画」と呼べるものではありません。

「ああ、計画でしょ。それは当たり前に作ってますよ」などと言ってくる方々ほど、このような傾向が強いですし、「目標」を「計画」だと混同してしまっているから、評価、改善のプロセスには絶対に行けないのです。


少し考えていただければわかります。

「目標数値に対して達成率90％で、10％届きませんでした」という結果が出たときに、いったい何をどう評価しますか？

と言うのも、そもそも「結果」はコントロールできるものではありませんよね。会社で売上を思いどおりにコントロールできるようなら、そんな楽な話はありません。

なぜコントロールできないかというと、皆さんも重々ご承知の通り、様々な外的要因に影響を受けるからです。10％届かなかった要因を評価しようとすると、どうしても社内ではどうしようもない外的要因が入ってきてしまいます。

「目標」と「計画」を混同しているようなケースでは、届かなかった要因として、外的要因しか上がってこないことのほうが多いかも知れません。

また、本来は「計画」を立てて「実行」するというステップですが、混同してしまっている結果、「目標」を設定して「実行」するというステップに変わってしまっています。

つまり、極端に言うと本当の意味では「実行」に対しては何も言及していない状態ということで、そうなると、現場はこれまでやってきた通常業務を引き続きやり続けるだけの話です。

「評価、改善が回らない」のも必然だということです。

これを、研修などの場では、よく登山に例えて話をします。

「目標」が〝山頂〟で、「計画」は〝登山計画〟だから、言葉の意味が全く異なるということを伝える意図です。

グループディスカッションのテーマとして、「例えば登山計画だったら、どのような要素が盛り込まれていれば、計画として成立するのかを議論しよう」と投げかけて、実際に議論してもらいます。

「どのルートを登るのかを決める」、「何日間で登るのか想定をたてる」、「その間の天候予測を調べる」、「高度によって気温、酸素濃度等がどう変化するのかを調べる」、「そもそも天候等の予測が外れたとき、想定日数等も変えざるを得ないのでリカバリー策を想定しておく」等々、細かく要素が上がってきます。

登山計画で、計画に必要な要素が出せるのと同じように、その考え方を今やっている仕事上に置き換えて、目標達成に必要な要素は上げられるはずです。

それを再度議論してもらうわけです。

ここで細かく要素出しをすることでわかってくるのが、その企業の現状によって計画に必要な要素が違ってくるということです。

店を構えてビジネスをしている小売り業・サービス業や飲食業などは、認知度が高まっていない（集客が課題である）場合は、認知度向上に向けた要素中心になりますし、認知度があって（集客が課題で無い）場合は、店頭の回転率向上に向けた要素中心になります。

営業では、新規顧客開拓を主要課題としてとらえる場合と、既存顧客のインストアシェア向上を主要課題としてとらえる場合では、要素が少し変わります。

何をお伝えしたいかというと、各企業で活用されている「計画書」のフォーマットは似通っているものが多いのですが、似通っていること自体があまりいい状況とは言えないのではないかということです。

よくよく話を聞いてみると、リーダーの皆さんは「会社が用意した（そもそも以前から使っているであろう）計画書をそのまま活用している」ようなのですが、そうなってくると「目標を達成する」ことを目的に作成しているというよりも、単に「計画書の空欄を埋める」ことが目的になってしまっている気がするのです。

「手段の目的化」に気をつけようと言いながら、やってしまっているパターンです。

決して「会社が用意する計画書」を全否定しているわけではありません。

各部門のリーダーが好きなように計画書のフォーマットを作ってしまったら、管理のしようがありませんから、それは全くナンセンスです。

しかし、だからと言って「空欄を埋める」リーダーがいるようでは、せっかくＰＤＣＡ

マネジメントを推進しようとしているのに、その意味が全く無くなります。

目標達成に導くための計画書なのだということを、議論を通じてリーダー陣に浸透させることを強くお勧めしたいと思いますし、併せて、どんな会社でも使えるというよりは、自社だからこそ使えるフォーマットをMODELとして用意できればベターだと思います。

簡単な目標だと計画の必要性は認識されない

そう言えば、私が「目標はチャレンジングなものでなければならない」ということに気づかされたのは、クライアント先でこの登山計画のディスカッションをしたときです。

「そもそも登山なんかしたことないんですけど……」

「そこは、もしも登ることになったらというイメージで議論して下さいよ」

「富士山に登ったことありますけど、連れて行ってもらった人に準備物教えてもらう位で登れちゃいましたよ」

「富士山だと観光ルートにもなって、誰でも登れるが売りですもんね」
「とはいえ、やっぱり富士山だとちょっとした準備をしないと最後は厳しいと思いますけど、もっと身近なその辺の山だと何の準備も無く登れちゃいますよね」

こんな会話をしながら、「容易に登れると思っている山に対しては、登山計画を作ることに意味を見出せないから作られることはない」ということは、ビジネスにおいても「達成のイメージが湧いてしまっている簡単な〝目標〟に対しては、〝計画〟が作り込まれることなどない」という気づきにつながったのです。

これは、登山に限らず色々なものが当てはまるのですが、例えば旅行はどうでしょう。家族3～4人で行く旅行であれば、「ちょっと時間できたから明日から温泉にでも行こうよ」と無計画に行けちゃったりしますよね。

ところが、ちょっと大掛かりな社員旅行などの場合に、無計画などとても許されるものではありませんよね。

少しばかり話が脱線しているように感じるかも知れませんが、グループディスカッションのいいところがまさにここにあります。

自分ひとりの脳みそでは考えつかなくても、あるいは考えが広がらなくても、他人の脳みそを使うことで、思いつく可能性が高まるからです。

話を広げてみたり、あるいは広げたあとで収束させたりしながら、関係するメンバー全員で知見を共有し、実現の可能性を高めていく、これがＤＩＳＣＵＳＳの狙うところではないでしょうか。

〝計画〞に関してのグループディスカッションでは、最終的に私からのアドバイスが無くても、「やはり簡単には達成できないような〝目標〞設定をできるかがスタートになるよね」、「そのスタートを切ることができれば、〝計画〞を入念に作り込むところに必然的に時間を使わざるを得ないからね」、「登山計画や旅行計画の議論のなかで思ったんだけど、簡単には達成できないような〝目標〞を達成しようとした場合、たくさんの人を巻き込む必要があるように感じたんだけど、そこはどう思う？」と、参加メンバー同士の議論がどんどん加速化していくのです。

自らの仕事に置き換えたときに、よく陥ってしまうのが、「とても自分だけじゃ無理」だったり、「自分のグループだけじゃ無理」というイメージになったりするわけですが、そもそもで言うと、経営陣がそれ（自分たちだけ）を求めているわけではありませんし、周りのメンバーや違う部門・グループが協力しないと決めているわけではありません。

ただ、それぞれに与えられた役割があるから、お互いに「ここまでは協力してもらえないだろうな」と思ってしまっているだけなのです。

部分最適よりも全体最適、つまり部門最適よりも全社最適が本質的には正しいということは、意外と多くの方が知っていることでもありますから、巻き込む必要性を認識したのであれば、ＤＩＳＣＵＳＳフェーズでしっかりコミュニケーションをとって、巻き込みたいものです。

目標を計画に落とし込めているか確認する

計画を進めるために

さて、先ほど「評価、改善が回らない」のも必然だという話を持ち出したので、最近、多くの企業で課題となっている〝人材採用〟を例にとってみましょう。

人事部門から役員会議でこのような報告がありました。

「今期、新卒の採用目標を50名として活動をしていましたが、結果としては40名の入社にとどまってしまいました。環境としては、超売り手市場で大手金融や商社といった学生からの人気業種も積極採用のスタンスだったことから、わが社としては厳しい結果になってしまいました」

営業部門からの「厳しかった」報告に関しては、相応の突っ込みがあったりするのですが、採用活動の報告だと直近の売上・利益に対する影響も大きくはないですから、「人気企業が積極採用だと仕方ないな」みたいな雰囲気になりがちです。

しかし、どうでしょう?

そもそも、採用環境が学生優位の超売り手市場などということは、いわゆる就職戦線がスタートする前からわかっていた話ですよね。

わかっていたことなのだから、当然何らかの工夫をしたはずです。

ですから、〝計画〟段階でどんな対策を立てて今期の採用に臨んだのかがしっかりと説明されなければなりません。

エントリーの母数を増やすために、媒体を増やす、あるいは説明会を増やすといった対策をとり、まず例年どおりの母数を獲得できたのか?

母数を獲得できていれば、結果が悪かったのは歩留まりが悪いということで振り返るポイントが替わりますし、母数を獲得できていなかったのであれば、媒体や説明会を増やす回数が甘かったのか、あるいは回数ではなく内容がよくなかったのかというように振り返りができますので、次回からの改善策につなげることができるでしょう。

ただし、〝計画〟が立てられていなければ、環境のせいにする以外ありません。

そもそも、採用活動のようなところの予算は増やされていないケースが多いです。まず、稟議を出すべき人事部門の側も、予算を増やしたからといって結果が出せるかどうかは自信も持てないので申請しないという行動をとりがちですし、仮に申請があったとしても、経営陣から、単純に予算を増やすよりももっと効果が上がるように工夫するほうが先ではないかという意見が出て、いずれにしても予算は増えない。

しかし、評価と改善が行われないというのは、ある意味恐ろしい状況を招いてしまいます。

単なる〝目標〟と〝計画〟の混同と思う方もいらっしゃるかも知れませんが、様々なところに悪影響を及ぼしてしまうのです。

私がコンサルタントとしてお手伝いさせていただく際も、「〝目標〟を達成しました」、「〝計画〟を達成しました」と言葉が乱れ飛んでいる会社がたくさんありますので、その都度、達成は〝目標〟に対して使う言葉であって、〝計画〟に対しては「順調に進んでいる」といった表現にしましょうと提案するようにしています。

「意外と細かいですね、どちらでもいいじゃないですか」と笑いながら言われることも多いのですが、そこに徹底的にこだわらないと〝実行〟が滞ってしまうか、あるいは〝実行〟品質が極めて低い状態になってしまうと考えてもらったほうがいいでしょう。

ＡＳＫのステップで活用している「問題の見える化ツリー」作成の際にもお伝えしましたが、〝問題〟という言葉ひとつとっても、人によって定義が異なるわけで、「思いつく限り、現場で起きている問題をポストイット1枚につき1つ挙げていってみましょう」という投げかけだと、全く手の動かない方が必ず出てきます。

当たり前ですが、決して〝問題〟という言葉の意味がわからないわけではありませんし、ましてやプロジェクトに携わっていただこうという現場のキーマンレベルの方々ですから、現場で何が起こっているのかを知らないわけでもありません。

では、なぜ手が動かないのかというと、「プロジェクトの一員として参加させてもらっているからには、しっかりと自分の意見を聞いてもらいたい。そのためにも、さすがと見直してもらえるような〝賢い〟意見を出さなければ」といったことが頭の中をよぎっているというようなことをお聞きしました。

「問題の見える化ツリー」作成のファシリテーションをしているこちらとしては、最終的に問題の本質が見えればいいわけで、そのためにもスタート段階は出来得る限りの数を場に出しておきたいわけです。

その結果、「何でこんな非効率なやり方するのかな」、「最近人がよく辞めるな」、「若手社員のモチベーション低いな」のような〝好ましくない事象（ＵＤＥ）〟をどんどん挙げていこうという投げかけに変わったのです。

言葉の捉え方が微妙に異なるだけで、著しく盛り上がりに欠けるような議論も、ちょっとした工夫によって、その後の議論のパフォーマンスを驚くほど上げてくれます。

言葉へのこだわりは、このＤＩＳＣＵＳＳのステップで必要不可欠な要素です。こだわるからこそ、しっかりとした議論になるということを肝に銘じておく必要があるのです。

〝計画っぽい〟言葉にはご用心

警察庁よりご依頼いただいて、交通課課長研修の場で講演した時の話です。

時系列で言うと、交通死亡事故というのは年々順調に減少しているらしいのですが、そうは言っても各都道府県警の交通課長としては、当然ながら、交通死亡事故のさらなる減少を目標にしているとのこと。

講演の途中で、皆さんに聞いてみました。

「グラフで見ても皆さんの活動が効果を上げているのだとわかりますが、これからもさらに効果をと考えたときに、どんな〝計画〟を立てられているんでしょうか？」

すると、何名かの方から、

「取り締まりのさらなる強化」

「各地域における交通安全教育の徹底」

「ハード面（信号機設置）の充実」

といった回答があったので、少し突っ込んで聞いてみました。

「どの〝計画〟も意味は私にも通じていますし、方向性としては間違っていないんだろうなとも思いますが、具体的にはどうするんですか？」

と。

例えば「取り締まりの強化」は、交通課の警察署員を増やすことなのか、あるいは俗に言う「飲酒検問」や「ネズミ捕り」といった作戦の回数を増やすことなのかをイメージできる位の具体化が無いとなかなか先には進みません。

おそらく、警察庁の皆さんは都道府県警がとりうる方針として、これ以外のことが上げられるんだったら教えてもらいたいと言える位、方針としては網羅しているんだと思いますが、上げている方針をすべて全力でやるなんて到底無理だともわかっているはずです。

「○○の強化」、「△△の徹底」、「□□の充実」とあるように、〝強化〟、〝徹底〟、〝充実〟、その他にも〝推進〟のような言葉を使っていても、具体的な実行イメージまで落とされていなかったら、それは計画っぽいけれども〝計画〟ではありませんよね（ここで結構な笑いが起きたので恐らく当たっているはずです）。

何でもやります、すべてやります、は、聞こえはいいですが、つまるところ何もやらないと言っているのと大差ありません。

勘違いしやすい言葉を「計画」に使ってはいけない

・○○の強化

・△△の徹底

・□□の充実

具体性のない計画は何もやらないのと変わらない

実現可能性を高める

MODELをブラッシュアップする

ここまで何度も申し上げてきたとおり、業務改善のためには、新しい仕事のやり方、進め方への変化が必要不可欠なのですが、やはり〝変える〟となって、いざやろうとしてみると難しいことが多々出てきます。

しかし、難しいからといって滞ってしまうようでは、これまでの労力が全く無駄になってしまいます。

そうならないためには、実行を困難にする障害を洗い出して排除しなければなりません。

結局、実際に動くのは現場のメンバーになりますから、そのメンバーが「これでいける」という実現可能性をイメージできるように必要な、あるいは欠けている要素を付け足すなどして、MODELで提示した改善策をブラッシュアップするわけです。

「止まっちゃうところ」はDISCUSSで大体出てくる

改善策をいざ実行しようとしたときに、「やっぱりこの辺りが難しいだろうな」と「止まってしまいそうなところ」はその組織のメンバーなら大体わかるものです。

ここで難しいのは、リーダーならば、一般のメンバーよりもある程度高い精度で「止まってしまいそうなところ」「躓いてしまいそうなところ」がわかるというイメージを持ってしまいがちですが、実は決してそんなことはない、ということ。

リーダーになるような皆さんですから、どちらかというと組織においては「仕事ができる」レベルの方々ということは間違いないでしょう。

あらゆる仕事に関して、「ここはこのように考えられるからこうすべきだ」、「ここはこんな失敗をしがちだから気をつけよう」のように、都度都度考え、整理できているなら細かくイメージできると思いますが、「仕事ができる」が故に、「どこで躓いてしまうのかがよくわからない」と仰る方も少なくありません。

トップ営業、カリスマ販売員のような方々に「全社平均と比較して2～3倍の売上を上げているようですが、その秘訣はなんでしょう?」と聞いても、「いや秘訣なんてことは何もなくて、当たり前のことを当たり前にやっているだけですよ」といった答えが返ってきてしまうことが多いのですが、同じことです。

メンバーに全体像を今一度見える化して、実現可能性をより高く感じてもらうためにも、障害となり得るポイントを全員で洗い出した上で、それをつぶす施策を予め用意できていれば実行に向けて万全な体制になると言えます。

前章で取り上げた「信頼関係構築モデル」の、「好感が持てるな」という相手の心理状態を獲得するためにとるべきアクションとして「笑顔を作る」がありました。

この「笑顔を作る」は、そう言われたら、あるいはそこに気づいたら誰でもできるアクションでしょうか?

このように問い掛けられることで、おそらく少しばかり心配になって「いやそこまで念押しされてしまうと絶対できるとも言いづらいな」位の感覚だろうなと推察します。

ということは、あらためての問い掛けが無ければ、「ああ笑顔ね、顔の表情作るだけのことだから問題ないでしょ」とスルーされる可能性が高いでしょう。

しかし、実はこれがなかなか容易にできることではありません。

もちろん本気で笑えるようなことがあれば、誰でも普通に〝笑顔〟になりますが、仕事場、しかもこれから信頼関係を築いていこうというクライアント先で、「この人の〝笑顔〟素敵だな、とても好感が持てるな」と思ってもらえるような〝笑顔〟が、本当にできるのか？　ということですから。

私のクライアント先では、〝笑顔〟専門のインストラクターに依頼して、営業マンに研修をしてもらいました。

受講した全員の感想は、「面白くもないときに〝笑顔〟を作るなんて相当難しい、もはや至難の技だな」ということでした。

例えば、「割り箸を口に入れて、無理やり口角を上げる」ことをやると、それをやっている本人にとってはかなり違和感のある状態なのですが、周囲で見ていると、それ位極端な表情をしない限り、そもそも〝笑顔〟に見えないのです。

MODELを作る際に、「好感が持てるな」は信頼関係を構築するというゴールに到達するための極めて重要なステップであり、そこでは〝笑顔〟はもちろん人と人が対峙するときに基本中の基本だとされる立ち振る舞いのレベルを上げなければならないことを共通認識としているわけです。

よって、〝笑顔〟研修以降は、営業マン全員が常に手鏡を携帯するようにして、朝礼の際も〝笑顔〟の練習を、訪問先に伺う直前にも〝笑顔〟チェックをすることを共通のルールとして採用しました。

しっかりとしたクオリティで実践するからこそ、気づけるところでもあるという話なのですが、営業マンから上がってくる〝笑顔〟の効果は「たかが〝笑顔〟だけど、されど〝笑顔〟、全然効果は違ってくる」ということでした。

各ステップでの具体的なアクションが用意され、関係するメンバー全員が納得していたら、理論上は必ずゴールに辿り着くはずですね。

よく見られるのが、大まかなマイルストーンは切られているものの、各ステップの詳細な内容には触れていない、というものです。

「今さらそんな当たり前なことまで言わなくてもいいよね」と省いてしまいがちですが、こと改善を効果的に行うためには、できる限り漏れなく洗い出すほうが好ましいと思います。

主観の入り込む余地を無くす

双方向のコミュニケーションで意識の統一を図る

ＤＩＳＣＵＳＳの段階で気をつけたいのは、個人による解釈の差を無くすことです。例えば「提案書を作る」ということでも、速度重視でＡ４用紙１枚程度のものを作るのか、クオリティのしっかりしたPower Pointなどのものを作るのかでは、大違いです。リーダーとしてチームの業務改善を行うに当たって、常にわかっていなければならないのは、メンバーそれぞれが異なる人格で、能力にも、経験にも、価値観にも、そして感情にも差があるということです。

それゆえに、抽象的な改善方法を打ち出してしまうと、やり方にメンバー個人の主観が入ることからかなりの差が生じ、結果として出てくるものも当初期待した結果とはかけ離れたものになってしまうのです。

とにかく、細かく、具体的な改善策となるよう、ＤＩＳＣＵＳＳを通じてメンバーとコミュニケーションをし、意識の統一をしつつＭＯＤＥＬをブラッシュアップしましょう。

「人によって差の生じ得ない業務」というのは、いささか味気ないように思える方もいらっしゃるかもしれませんが、「実現可能性が高い」というのは、「味気ない」ことに他ならないのです。

「仕事を面白くしよう」とするから属人化する

改善の邪魔になる意外な要素が、「仕事を面白くしよう」という意識です。

「モチベーションが高くていいじゃないか」

「やりがいを感じてもらいたいと思うのは間違っているのか」

と思う方もいらっしゃるのではないでしょうか？

しかし、一番生産性が上がる業務のやり方は、メンバーみんなが決められた同じやり方で、同じような結果を出せるような、いわゆる「つまらない」、標準化された仕事のやり方です。

ＬＯＯＫやＡＳＫの段階で、メンバーには仕事が属人化している状況や、標準化すべき理由について伝えてはいるものの、「つまらなそう」というのはかなり抵抗があるものです。

しかし、作業を面白くする必要はありません。

決められたやり方で、決められた時間で、決められた成果を出してほしいわけです。

料理と一緒ですね。レシピどおりに作れば美味しく作れるのに、ムダにアレンジしたりするから味にばらつきが出てしまうのです。


ちょっと救いがあるとすれば、仕事をつまらなくする過程は意外と楽しいものだということです。料理のレシピをまとめるのが楽しいのと同じです。

LAMDAでは、この標準化の過程にメンバーは自動的に組み込まれますから、そこでいかに楽しませるかが、リーダーの腕の見せ所です。

また、多くのビジネスの現場で、メンバーは納得しないままつまらないと思って仕事をしています。それが、納得感のあるつまらない仕事に変わるだけで、チームは大きく変わります。

また、しっかりと結果に結びつくわけですから、続ける内にネガティブな捉えられ方は減っていきます。

おいしいビールの注ぎ方

さて、みなさんは、ビールを飲まれるでしょうか？

飲まない方でも、飲み会の席などで誰かにビールをつぐことはあると思います。

そんなとき、どうせならおいしくいただきたいし、おいしく飲んでもらいたいですよね？

条件は大体いつも一緒で、瓶ビールとグラス、栓抜きがあります。そうすると、大体同じような注ぎ方をすれば同じクオリティの注がれたビールができるはずです。

そこで「おいしいビールの注ぎ方」マニュアルを作ってみるとしたらどうなるでしょう？「マニュアル」ですから、誰がやっても同じ結果になるように手順を明示しなければいけません。想像していただけたでしょうか？

講演などをさせていただく際にこの話をさせていただくことがあるのですが、大体の人が多くても5手順以下のマニュアルしか作りません。

さらに、9割以上の方が陥る大きな不足もあります。

それが、そもそも「おいしいビールってどんなものなのか」の定義が為されていないということです。

ちょっと引っかけみたいで意地悪かもしれませんが、結果の定義があいまいなマニュアルが不完全なのはわかっていただけると思います。

ちなみに、私自身ビールが好きなこともあり、メーカーに問い合わせてみたところ、グラスについだとき、

・黄色い液体の部分と泡の部分の比率が7：3であること
・きめ細かい泡であること

がおいしいビールということでした。

さて、定義づけが為されたところで、マニュアルに戻りましょう。

多くの人がたとえば、「栓抜きで瓶を開ける」「ビールを注ぐ」などという手順を設定しがちなのですが、これはマニュアルとしては不完全です。

私が作ったマニュアルは以下のようなものです。

①　利き手に栓抜きを持つ
②　逆の手で瓶を持つ
③　栓抜きを栓に引っかける
④　栓抜きを引き上げて栓を抜く
⑤　栓抜きを置く
⑥　瓶を利き手に持ち替える
⑦　逆の手でグラスを持つ
⑧　瓶をグラスから20cm 上方に掲げる
⑨　勢いよく注ぐ
⑩　吹きこぼれないところで注ぐのを止める
⑪　瓶とグラスを置く
⑫　1分待つ
⑬　手順6～11をもう一度行う

⑭　1分待つ
⑮　手順6～11をもう一度行う
⑯　出来上がり

飲み会などで適しているかはさておき、この注ぎ方をすれば、誰でも、まろやかで、香りも立ち、とてもおいしいビールが注げます。

業務改善・生産性の向上においてもこれくらいまで細かく、具体的に決めるべきです。DISCUSSの段階で、MODELで提示した改善策をここまで詰めることが、実現可能性を飛躍的に高めます。

第5章

「ACT」

決定事項をベースに実行する

〝実行〟を甘く見てはいけない

言うは易し、行うは難し

いざ〝実行〟という段階における多くの方のイメージは、「ここまできたら、もうあとはとにかくやるだけ」という感じではないでしょうか。

意気込みは大いに評価したいところではありますが、一方で「大丈夫かな」と心配する部分もあります。

「あとはやるだけ」という言葉の裏側に、もはや〝実行〟が滞るようなことはないだろうという油断のようなものが透けて見えるからです。

「PDCAがうまく回っていないんですよね」という相談をいただいた際に、「どこが難しいですか？」と尋ねると、次のようなコメントが返ってきます。

「計画を立てて（P）実行する（D）。ここはまあ普通当たり前にできるじゃないですか。

大切なのは、実行したことを振り返って（C）改善する（A）ところだとわかってはいるのですが、ウチの会社の風土なのか、計画を立てて実行するものの、特段振り返ることなどせずに、また次の計画を立てて実行する、つまりサイクルがPDPDになっていると思うんです」

PDCAが回っていない企業が、どこかでお互いに話し合ったりしているんじゃないかと疑ってしまうくらい、皆さん同じことをおっしゃるのです。

先にも触れたとおり、計画と実行に関して甘く見てしまいがちだという傾向にあり、その点に気をつけていただきたいのですが、とりわけ実行については、「実行が難しくて悩んでいる」という声を聞くことが皆無と言ってもよい位、多くの方の眼中にはないようです。

社内で「PDCAを回そう」といった声が出てきたときに、「四の五の考えるところに時間を使うよりもまず動こうよ。動きながら修正していけばいいじゃない」といった反対意見が出てくる企業も少なくないようですし、ベンチャー企業から成長してきた経営者のコメントなどにも「動かないと何も見えてはこないんだから、まず動くことが大切ですよ」といったニュアンスのものがよく出てきているような気がします。

まず、そのほうがシンプルで考えやすいからと誤解をして、何もかも一緒くたにしてしまう傾向がありますから少し整理しましょう。

ひとつめですが、「まず動いてから考えよう」とおっしゃる方々の根底には「そもそも自分は動いている。動いていない連中が問題をはぐらかそうとしているだけだ」といった思いがあるような気がします。

仕事ができるかできないかというと、できる（と自負している）側の方が多いので、頭ごなしに否定するのも難しいところもありますが、「できる」側だから〝実行〟を甘く見てしまうということがあるのではないでしょうか。

ふたつめの、ベンチャー企業経営者のパターンは、そもそも事業を立ち上げる段階においては何も動いていない（ビジネスが回り始めていない）のだから、少しでもイメージしたものに関してはどんどん動いていかないと何も進まないわけで、すでに一定の売上利益を上げながら回っている事業とは全く状況が異なります。

また、ベンチャーですから、動き方としては「自ら考えたことを自ら実行する」しかないわけで、まだまだ多くのメンバーを巻き込んで動かしていくフェーズにはいない、ということを考慮したうえで、参考にすべき点は大いに参考にするという聞き方をしなければならないと思います。

結局何をお伝えしたいかというと、計画同様、〝実行〟も甘く見てはいけないということです。

「LAMDA」という考え方のよいところを今一度おさらいしましょう。

PDCAマネジメントに関して、「確かにやったほうがいい」、「成果を出すためには不可欠な考え方だ」と思いながらも、なかなか思うように進めることができていないかった方々にとって、躓いてしまっている部分が、〝実行〟の起点となる計画や振り返りといった〝考える〟フェーズでした。

〝考える〟といっても、「何を」「どう」考えればいいのかに、一定の方向性を与えてくれているのがLAMDAの最後のACTまでの「LAMD」です。

LAMDをしっかりとトレースした計画になっていれば、「これでいける」、つまり、考え抜いたんだからと自信を持てるレベルに仕上がっていることが十分期待できます。

それはそれで、とてもいいことではあるのですが、自信のある計画だからこそ、当然「結果もついてくる」はずだと思ってしまいます。

しかし、その「結果もついてくるはず」という思いの裏側にあるのは、〝実行〟できて当たり前、つまり〝実行〟を甘く見てしまっているということです。

「ＡＣＴ」において、今一度念押ししておきたいのは、〝実行〟こそがもっとも難しいという位のスタンスを持つべきだということです。

リーダーが実行してはいけない

リーダーの仕事はメンバーのマネジメント

チャレンジングな高い目標を達成しようと本気で思うのならば、今までの仕事のやり方・進め方から新しい仕事のやり方・進め方に変えなければならない。

本書で何度もお伝えしてきたこの理屈をまさに現実にするのがこの〝実行〟フェーズです。

本書を読んでいただいているのは、もちろんこれからリーダーになられる方もいらっしゃるとは思いますが、基本的にはすでにリーダー職に就かれている方のほうが多いかと思います。

ここでまずお伝えしなければならない重要なポイントは、リーダーは自ら〝実行〟しようなどと考えてはいけないということです。

「え？　一体どういうことでしょうか？」

〝実行〟してはいけない！　などとお伝えしてしまうと、おそらく「何おかしなことを言ってるんだろう？」と思われてしまうかも知れません。

順を追って説明しましょう。

まず、明確にしておきたい点としては、「メンバーに〝実行〟させる」ことがリーダーとしての本来の役割だということです。

少子高齢化が進む日本では、近い未来に、より深刻な人材不足に陥ることが予想されますが、人材不足が叫ばれて居なかったような時代から、プレイングマネジャー的な役割で動いているリーダーが極めて多い印象があります。

決して、〝プレイングマネジャー〟というポジションそのものが悪いと言うつもりはありませんが、この〝プレイングマネジャー〟として仕事をしているリーダーの多くが、プレイ中心になってしまっているのが実態ではないかと思うのです。

ASKの章で紹介した「問題の見える化ツリー」ですが、直近の2年位は「現在よりも生産性向上を実現させる」というテーマが主流になってきており、基本的にはキーマンとなるリーダーの皆さんに議論をしてもらうパターンで、数多くのツリーを作成してきました。

おかげさまで、メーカー、商社、小売り、サービスとさまざまな業種業態の企業と接する機会がありましたので、「やっぱりどんなビジネスをしているのかによって抱えている問題には特徴があるんですよね」という質問をいただいてきました。

企業の組織の作られ方というのは、ビジネスの形態に応じて形成される傾向が高いこともあり、似たようなビジネスをしていることで同じような問題に陥りやすいといったことは出てきます。

しかしながら、この「生産性向上」を目的とした「問題の見える化ツリー」作成において、何よりも興味深いのは、必ず〝中核問題〟のひとつとして「リーダーがマネジメントをしていない」というキーワードが出てくることにあります。

業種・業態あるいは業界といった違いがあっても、あるいは企業規模の違いがあっても、「生産性向上」を阻害しているさまざまな問題の根源として収斂していくところには「リーダーがマネジメントをしていない」というポストイットが貼られることになる。

さまざまな場で、この「リーダーがマネジメントをしていない」問題を発言すると、「それはファシリテーターがそこに誘導しているからじゃないの？」などと言われることも少なくありませんが、聞かれている方々の顔つきを見ていると、どちらかというと納得されている方のほうが圧倒的に多いと感じています。

〝誘導〟疑惑に対しての答えも、明確です。

この「問題の見える化ツリー」作成のワークショップで、ファシリテーターに〝誘導〟されていると参加者が感じた瞬間から、自発的な発言が少なくなりますし、ましてやその先にある〝実行〟が覚束ない状況になることを、一流のファシリテーターはわかっているので、そんなことは絶対に無いと断言できます。

そもそも、「問題の見える化ツリー」は参加者の意見を単に整理しているわけではなく、社内で起きている〝好ましくない事象〟つまり〝事実〟をメンバーを含めて確認しながら作成しているので、〝誘導〟などできないものです。

どの会社のリーダーも「自分たちがマネジメントしていない」ことが、自社の「生産性向上」を阻害する最大のボトルネックだなと、腹落ちする瞬間が来ます。

なぜ、誰もが腹落ちするのかを、繰り返しになるかも知れませんが、もう一度説明しておきましょう。

〝管理〟から〝やりくり〟へ

マネジメントとは〝やりくり〟だ、という説明はすでにさせていただきました。

〝管理〟という意味だと悪いということではないのですが、ひとつは、業績管理や数値管理のような単語に引きずられてしまい、単に見て（確認して）いることだけで管理できているように誤認してしまっているケースが多いという問題があります。

もうひとつ、特に、ある程度利益を上げる商売の仕組みができている会社で、しばらくはそれをそのまま継続していればいいような場合だと悪い意味の〝管理〟が蔓延してしまっていることがあるようです。

だから、本来マネジメントとは何なのかを考え直してもらうきっかけにもなると思い、あえて〝やりくり〟という言葉を使っているわけです。

〝やりくり〟ですから、リーダーは自分の管轄している部門・グループがやるべき業務量を把握したうえで、それをメンバーに最適に振り分けながら、求められる結果を出さなければなりません。

「生産性向上」というテーマであれば、コストとなる残業時間をゼロにできれば、たとえ成果が現状維持でも、生産性は上がっているということになりますし、成果までも上げられるような工夫ができれば、飛躍的な生産性向上につながることになります。

逆に、残業が常態化していて相当の残業コストが発生しているような状態が放置されているようでは、とても〝やりくり〟しているとは言えないということです。

日々の業務量を把握していることをスタートとすると、メンバーのスキルを考慮しながら仕事の割り振りをしなければいけないことになりますし、業務終了時間が近づくにつれて、メンバーそれぞれが残している仕事量を確認しながら、遅いメンバーの仕事を早いメンバーに再度割り振りし直すようなことも普通にやっていて然るべきです。

その結果、残業ゼロで全員帰社させる、あるいは、多少の残業が発生してしまうとしてもその残業時間は一定のメンバーに偏るのではなく、メンバー全員でやるというスタイルをとれば、早く帰社することができますね。

「問題の見える化ツリー」を作成した結果、「自分たちがマネジメントしていない」と認識したリーダーは、まずこれらの〝やりくり〟ができていないこともありますし、さらにはリーダーである自分が一番残業をしている状態が当たり前になっていたりもします。

仕事ができるという理由でリーダーになっていますので、結局自分でやることがもっとも信頼できる、もっとも早い、といった認識で、仕事を抱え込んでしまっているのです。

さて、ここまでの〝やりくり〟の話を聞いてお気づきの方もたくさんいらっしゃることだと思いますが、真の意味で〝やりくり〟しようとすると〝属人化〟している仕事の状況を変えなければなりません。

標準化なくしてやりくりはできない

MODELの章で〝標準化〟というキーワードが出てきましたが、仕事の〝標準化〟を進めない限り、マネジメント、つまり、〝やりくり〟などできません。

「おいしいビールの注ぎ方」の例でわかったことは、細かく行動を分解し、人それぞれの主観の入り込む余地をなくしておけば、誰がやってもさほどのバラつきが生じないレベルでゴールにたどり着くことができる、つまり〝標準化〟できるということでした。

〝標準化〟できれば、ステップ⑧までAさんがやっていたものを、ステップ⑨からBさんが引き継いでも、おいしいビールが容易に注げてしまうということです。

メンバーそれぞれがよかれと思ってはいるものの、それぞれ独自のやり方で作業をしていたら、こうはいきません。

いったんひとつの作業に着手してしまうと、もはや誰にも渡すことができないから最後まで着手した人がやるしかない、という状態が〝属人化〟です。

〝マネジメント〟と〝標準化〟はセットでないと効果的に機能しないということを肝に銘じてください。

〝標準化〟できているからこそ〝マネジメント〟が効かせられる。

仕事の属人化が著しい日本のビジネスの現場だからこそ、〝実行〟を甘く見てはいけない、〝実行〟こそ難しいところだという主張も理解いただけるのではないでしょうか。

PDCAの概念も非常にシンプルでわかりやすいものです。

「計画を立てて（P）、それを実行し（D）、実行したことを振り返って（C）、うまくいかないところは改善する（A）」

なるほど、このサイクルが回っていればビジネスはうまくいくだろうと、誰もが理解できる考え方です。だからこそ、多くの方が「PDCAを回そう」と言うのだろうと思います。

そしてまた多くの方が、「PDで苦労しているわけじゃなくてCAのステップをサポートしてもらいたいんだ」と仰るのですが、実際に数多くのPDCAマネジメント推進・定着の依頼を受け、コンサルティングを進めるなかで、大きく見直す必要があったのは、彼らが問題視しているCAの部分ではなく、PDの部分でした。

作り込んでこなかった計画を作り込むことも大変な作業になりますし、仕事のやり方・進め方を変える段階の実行はさらに大変な作業になるのです。

しかし、「LAMDA」を踏まえていれば、〝実行〟フェーズをスムーズに迎えることができます。

本書では、最後に「ACT（実行）」がくるという流れになっていますが、LAMDAという考え方は流れが大切であるのと同時に、すべてが一体となって関連づいています。

なにせ、「リーダーがマネジメントしていない」をリーダー自らが認識するのはかなり序盤の「ASK」のフェーズになりますから、すでにその時点で「ACT（実行）」段階を見据えながら、方策を検討し始めているということになるわけです。

メンバーのパフォーマンスを上げる

さて、ACTフェーズにおいては、新しい仕事のやり方・進め方への変化を推進するためにも、リーダーがマネジメントをする、つまりメンバーに〝実行〟させることが、最も重要なポイントになるわけですが、メンバー、つまり自分ではない他人に〝実行〟させるわけですから、パフォーマンス（〝実行〟の度合い）を高める工夫が必要になります。

パフォーマンスを向上させると考えたときに、まず思い浮かべるのがメンバーのスキルを上げることだと思いますが、ここでお伝えしたいのはどうしても時間を要してしまうスキルの話ではありません。

マネジメントのスタンスの取り方ひとつで変わってくるものに絞りたいと思います。

ひとつが、締め切りギリギリまで工数を目一杯使おうとする〝学生症候群〟対策です。

人間がすべてそうだとは言いませんが、傾向として出てきやすいこととして締め切りのある作業に関しては、「締め切りギリギリまで手をつけない」結果、工数を使ってしまうパターンと、早く着手してある程度終了が見えていたとしても、「締め切りまでの日数で必要以上の工夫を加えたりした」結果、工数を使ってしまうパターンがあります。

〝学生症候群〟と呼ばれているのは、学生時代の試験勉強の際、そもそも試験日程は公表されているのだから計画的にやっていれば良いものを、ギリギリになってあわてて前日に一夜漬けといった経験が少なからずあるのではないか、ということでイメージしやすいからだと思います。

学生であれば何も問題はありませんが、生産性を上げようとしているビジネスの現場でもしもたくさんのメンバーがこのような姿勢になっているのだとしたら、非常にもったいない話ですよね。

意外と、悪意が無いままにやってしまう方も多いので、気づいたリーダーがしっかりと対策をとるだけで、確実に生産性に好影響をもたらします。

まず「締め切りギリギリまで手をつけない」パターンへの対策としてしっかりやらなければならないのは、依頼する作業に対して必要以上のバッファをとらないことです。

誰もが、締め切り（約束）を破ってしまうことを避けたいと思いますよね。

つまり、そこには保険をかけておきたいのでバッファをとろうとします。

私のコンサルティング経験からになりますが、大体2倍のバッファをとろうとすると考えて良いと思います。今日終わるだろうという作業は明日、3日程度かかるという作業は1週間後、1週間かかる作業であれば2週間といった感じでしょうか。

また、作業を依頼するリーダーの側も、気を使ってバッファをとってあげようとしたりします。新しい仕事のやり方・進め方への変化を推進するために作業が発生するのですが、一方で日常（通常）業務と呼ばれるような、日々やらなければならない作業もあるので気を使うわけですね。

よって、リーダーは自分からは絶対に気など使わないこと、またメンバーが○日あればできますと言ってきたら、その半分の工数で依頼すること、これを徹底しましょう。

この徹底によって、実は「締め切りまでの日数で必要以上の工夫を加えたりする」パターンのメンバー対策にもなることが理解いただけると思います。

そして、仮に締め切りに少々遅れることは許容範囲として下さい。締め切りに対して保険をかける必要が無いことを周知徹底したいからです。

この〝学生症候群〟対策によって、工数は半減することになりますね。

なぜこの対策が大切なのかというと、作業といってもその依頼したメンバーだけで完結するような作業の方が圧倒的に少ないはずだからです。

大抵の場合、その作業は次のメンバーに受け継がれて、そしてまた次のメンバーに受け継がれるというカタチで流れていく作業になっていることでしょう。

そのケースを想定してみて下さい。

仮にすべてのメンバーが当たり前のようにバッファをとっているとすると、本来完成するまでに詰めれば1ヶ月でできるものが、2ヶ月かかってしまっているということです。

しかも、誰もその無駄に気づくことすらできていないとなると、これほど恐ろしく非効率なことなどありませんよね。

ふたつめは、整理ができないことで効率を悪化させる〝もやもや症候群〟です。

この〝もやもや症候群〟で代表的なパターンは、「いやもう、アレもコレも仕事が降りかかってきて、とにかく大変です」「やることだらけでまた今日も残業になります」という状態に陥ってしまうかたがたです。

〝もやもや症候群〟のメンバーが、実際に起こしている不利益は、例えばA、B、Cの3つの作業を依頼されているときに、3つの作業を少しずつ進めていく傾向にあることです。

「え？　それって普通のことなんじゃないの？」と思われた方、もしかすると極めて非効率な仕事の進め方になっている可能性があります。

3つの作業を同時並行的に依頼される〝マルチタスク〟状態は、新しい仕事のやり方・進め方への変化を推進するタイミングでは、複数のプロジェクトが立ち上がっていることも多いので普通に起こり得る状態です。

〝もやもや症候群〟のよくないところは、A、B、Cの3つを少しずつ進めてしまうということは、それぞれが終了するタイミングもすべて後ろにズレている、つまり遅れてしまうことにあります。

よくよく考えていただきたいのは、〝マルチタスク〟状態とはいえ、決してA、B、Cの作業を同時に行なうことなどできず、その瞬間瞬間はA、B、Cの作業のいずれかを選択してやっているということです。

よって、そのように考えると、本来理想的な進め方は、例えばAの作業に一旦集中してAを終わらせてしまうことです。

なぜ、それが理想的なのかというと、先ほどもお伝えしたように個人で完結してしまう作業など殆ど無いのだとすると、必ずAの完了を待っている次のメンバーがいるからです。

〝もやもや症候群〟に陥ってしまうと、そういった全体の流れに気が回らずに、自分のことばかり考えてしまうようになります。A、B、Cそれぞれ、進捗状況を気にしている人がいて、いつ声を掛けられても「もう作業に着手はしていますよ」と言えるように、すべてを少しずつやろうとするのです。

マルチタスクのメンバーに対しては、その仕事の進め方に関しても、リーダーが積極的に関わるようにするといいでしょう。

しっかりとコミュニケーションをとることで、「やることだらけ」のような思い込みからも脱却させることが十分可能です。

なぜなら、両手の指で数えてもそれ以上になるほどのタスクを抱えている人など、ほとんどいないからです。どちらかと言えば片手で事足りてしまう方が多いでしょう。

その片手で数えられるくらいのタスク数であること、それぞれの進め方に関してのアドバイスをしてあげるだけで、解決してしまうことの方が多いのです。

〝学生症候群〟対策、〝もやもや症候群〟対策、いずれもすぐにとり掛かれますし、すぐに結果も出てきますので、早速〝実行〟に移してみて下さい。

実行を支えるメンタルマネジメント

メンバーの〝パフォーマンス〟を上げようと考えたときに、もう1点リーダーが意識すべきこととして、メンタルのコントロールがあります。

自分自身を振り返ってみても、メンタルの状態が悪いときよりも良いときの方が、仕事においても高いパフォーマンスを出せていると思いませんか？

念のため確認しておきますが、ここで言う高いパフォーマンスとは、「自分自身の能力を最大限発揮できる」ことであって、決して能力以上を出せるということではありません。

スポーツの世界でも、近年は特にメンタル強化の重要性が認識されて、トレーニングを実施しているところも増えてきていますが、その目的は選手の持っている力を１００％発揮するということです。「極度に緊張して、本来の半分の力も出せませんでした」といったことにならないようにしたいということです。

「専門家でも無いのにメンバーのメンタルコントロールなんて絶対無理ですよ」クライアント先のリーダーの方々からはよく言われましたが、絶対無理などということはありません。どんな苦境でも揺らがないようなメンタルの強化のようなレベルの話をしているのではなく、なるべく機嫌のいい状態にしようという位のレベルの話です。

まず、最初にやらなければならないのは、自分自身の機嫌をとれるようになることです。逆の立場になって考えるとわかりやすいと思いますが、上司の機嫌が悪いと感じると、それだけで憂鬱になったりすることがありますよね。

あるいは、部下である自分から朝の挨拶をしたときに、ボソッとした暗い声で「あー、おはよう」と返ってきたり、あるいはそれもなくブスっと会釈を返してるのか返してないのかわからないような感じだと、挨拶した側もなんとなく気分が悪くなります。

そんな状況で、果たしてパフォーマンスが上がるでしょうか？

だから、まずは自分自身からです。

朝、メンバーに対して、活力に満ちた声で、なおかつ明るい笑顔で「おはよう！」と声を掛けるだけでも、職場の空気は明るくなりますよね。

たかだかそんなことで、メンバーのパフォーマンスが上がるのであれば、やらない手は無いと思いませんか？

まずは、挨拶で空気を作るところをしっかり実践して下さい。

次に、気づくだけで心の状態を少しでもいいほうに動かせる、そのポイントをお伝えします。

実は、人間の心理状態は、「放っておくと」良くない方向に動きがちです。

出勤のタイミングに雨が降っている→「嫌な」雨
出勤時間駅に向かいながら　　　　→「憂鬱な」（満員）電車
なかなか信頼関係を築けない上司に→「嫌な」上司

などと、環境・経験・他人に対して、脳が勝手に意味を貼りつけていくのです。

しかも、その多くはマイナスな意味づけやネガティブな意味づけになってしまっており、その結果メンタルの状況も、決して機嫌のいい方向にはいっていないことになります。

単に雨が降っているだけなのに、勝手に「嫌な」という意味づけをして、その結果自分自身の機嫌も悪くなって、パフォーマンスが上がりづらいのだとすると非常にもったいない話です。

まだ上司と関係ができていないタイミングで、勝手に「嫌な」という意味づけをして憂鬱な気持ちで出社してしまい、パフォーマンスが上がりづらいのも同様で、もったいないことこの上ない話です。

何せ、冷静に考えれば、自分が「嫌な」上司と思い込んでいるだけで、家庭を持っている上司であれば、家に帰ればいい旦那さんだったり、いいお父さんだったりするのかも知れませんし、親友と呼べる関係の方もたくさんいるかも知れません。

世界中から「嫌な」奴だと嫌われている可能性のほうが圧倒的に低いのだと考えると、自分自身の脳の癖のせいでそうなってしまっているだけなのです。

そうだとして、どうすれば回避できるのか？

これに関しては、その脳の癖に「気づく」ことだけです。

脳は、外界の三大要素ともいわれる環境・経験・他人を、認知し、意味づけをします。

普通に生活していて、普通にそうしてしまうということなのですが、このメカニズムを知らないと、悪い意味づけで勝手に心の状態もマイナス方向にもっていかれます。

だからこそ、「脳は認知し意味づけする」ことに気づくこと、それによって心の状態を大きくプラス方向にまではもっていけないかも知れませんが、マイナス方向にふれていくことはかなり回避されるはずです。

この話は、実はスポーツドクターとして活躍されている辻修一先生から「フロー理論」として教わったことのほんの一部です。

スポーツであれば、いわゆる「ゾーン」に突入して何をしてもうまくいくような状態を目指したいといった話が出てきたりするのかも知れませんが、「フロー」をいい心の状態で、「ノンフロー」をよくない心の状態としたときに、普通に生活しているだけで、少なからずどちらかの方向にはふれているわけですね。

そうであれば、できる限り「フロー」状態にいるほうが、仕事においてもプライベートにおいても豊かに暮らすことができる、そんな風に思うことができるようになりました。

リーダーが、心の状態に敏感になるということは、自分自身の機嫌をとることができるようになることにつながりますし、それは当然メンバーの心の状態を「フロー」に転じさせてあげようという思いやりにもつながっていきます。

その結果、〝実行〟のパフォーマンスが上がるのであれば、こんなに素晴らしいことはありませんよね。

あらためてお伝えしますが、どんな優れた計画も、〝実行〟できなければ意味がありません。

計画を立てるために割いた時間までムダになってしまいますし、ともすればチームメンバーからの期待を裏切ることにもなりかねません。

現地・現物をしっかり見て、話し合いながらいろいろな問題の原因となっている本当の問題を見つけ、改善できるように具体的な施策を打ち出し、さらにそれをブラッシュアップして、メンバーと「コレで行こう！」と合意してきたわけです。

しっかりと実行することで、ＬＡＭＤＡは真価を発揮しますし、それがリーダーに楽をさせて、チームの成果を上げることにつながります。

著者略歴
川原 慎也（かわはら・しんや）
みなとみらいコンサルティング株式会社　代表取締役
外資系自動車メーカーにて営業、マーケティング、ブランディングなどを経験したのち、国内大手コンサルティング会社に入社。中小企業を得意とする同社において、中堅〜大手企業に対するコンサルティングの道を切り拓く第一人者として活躍、現職に至る。
2012年に発売された『これだけ！PDCA』（弊社刊）が17万部の大ヒットとなったのをきっかけに、PDCAを導入・推進するコンサルティングを数多く手掛ける。経営陣、中堅幹部がどうしても躓いてしまうポイントを親身かつ適切に乗り越えていく手法で、営業利益率改善等の結果にスピーディーに導くコンサルティングに対する評価が高い。
近年は、多くの日本企業が掲げる「働き方改革」、「生産性向上」という課題に対して、「まずは既存業務を7割の力で！」、「今よりも楽をしながら儲けよう！」という明確かつ簡潔な主張が、現場従業員にもシンプルに受け入れられると、そのコンサルティング領域はさらに拡大している。

装丁・本文デザイン協力　　コミュニケーションアーツ株式会社

LEADER's LAMDA

2019年 2月21日　第1刷発行

著　者　川原　慎也
発行者　八谷　智範
発行所　株式会社すばる舎リンケージ
〒170-0013　東京都豊島区東池袋3-9-7　東池袋織本ビル1階
TEL 03-6907-7827　FAX 03-6907-7877
http://www.subarusya-linkage.jp/
発売元　株式会社すばる舎
〒170-0013　東京都豊島区東池袋3-9-7　東池袋織本ビル
TEL 03-3981-8651（代表）
03-3981-0767（営業部直通）
振替 00140-7-116563
http://www.subarusya.jp/
印　刷　ベクトル印刷株式会社

ISBN978-4-7991-0782-9